★ 适合10至11岁 ★

思维的火花

SIWEI DE HUOHUA

主编 孟强

编 委 会

广泛阅读，可以提高阅读理解力；

广泛阅读，可以丰富知识，开阔视野；

广泛阅读，可以提升思维力、鉴赏力；

广泛阅读，可以促进人的精神成长。

新编的读本，包括古诗文经典诵读、优秀作品专题阅读和整本书阅读，是落实课内外阅读一体化的优质资源。

捧起这套读本读起来，你会越来越享受阅读，你的一生一定会因为阅读而精彩！

崔峦

用阅读滋养你的心灵，
让你变得聪明善良，胸怀宽广，更富想象力和创造力。

谈凤霞

发现美，学会爱，表达自己。
在阅读和写作中不断进步！

王一梅

阅读是开启美好人生的钥匙

赵丽宏
庚子九月

为自己读书
为美好读书

肖复兴
庚子中秋

读经典的书
做优秀的人

陈晖

幻想，从现实起飞

刘兴诗

目录

经典诵读

专题阅读

范文阅读

组文阅读

自由阅读一

自由阅读二

整本书阅读

经典诵读

灯光影影绰绰，模糊着无以言表的思亲之痛；秋雨潇潇瑟瑟，敲打着无穷无尽的怀乡之情……故乡是扎根于心底的绝美图景，乡愁是剪不断理还乱的绵绵情思。

品读本组古诗词，要在读通、读顺的基础上，结合注释理解诗文的意思，体会作者表达的思想感情，看看作者是如何表达内心情愫的。

① 与浩初上人同看山寄京华亲故①

［唐］柳宗元

扫码收听朗诵音频

海畔(pàn)②尖山似剑铓(máng)③，

秋来处处割愁肠。

若为④化得身千亿，

散上峰头望故乡。

注释

① 与浩初上人同看山寄京华亲故：浩初上人，浩初是作者的朋友，上人是对佛教僧人的尊称。京华，长安。亲故，亲友。

② 海畔：海边。

③ 剑铓：剑锋。

④ 若为：如果能。

译文

海边的山峰好像利剑的锋芒，在这悲秋的季节令人愁肠如割。如果能让此身化作千千万万个，（我愿把每个分身都）散落到一个个峰顶眺望自己的故乡！

扫码收听朗诵音频

② 渡桑干[1]

［唐］贾岛

客舍（shè）[2]并（bīng）州[3]已十霜[4]，
归心日夜忆咸阳[5]。
无端[6]更[7]渡桑干水，
却望并州是故乡。

注释

① 此诗一说是唐代诗人刘皂所作，题为“旅次朔方”。桑干，桑干河，为永定河上游，在河北省西北部和山西省北部。
② 客舍：客居。
③ 并州：今属山西省太原市。
④ 十霜：十年。
⑤ 咸阳：地名，指作者的故乡。
⑥ 无端：没有来由，无缘无故。
⑦ 更：再次。

离开故乡客居并州已经有十年，思归的心日日夜夜都在想念着故乡。当我再次渡过桑干河时，回过头来望望并州，觉得那里也已经成为故乡了。

扫码收听朗诵音频

3 除夜[①]作

［唐］高适

旅馆寒灯独不眠，

客心[②]何事转[③]凄然[④]？

故乡今夜思千里，

霜鬓[⑤]明朝（zhāo）[⑥]又一年。

注释

①除夜：除夕。

②客心：自己的心事。

③转：变得。

④凄然：悲伤的样子。

⑤霜鬓：鬓发斑白。

⑥明朝：明天。

译文

我独自在客馆里躺着，寒冷的灯光下久久难以入眠。是什么事情让我这个游子的心里变得凄凉悲伤？故乡的人今夜一定在思念远在千里之外的我，我的鬓发已经变得斑白，到了明天又是新的一年。

扫码收听朗诵音频

4 闻[1] 雁

［唐］韦应物

故园[2]眇(miǎo)[3]何处？

归思方[4]悠[5]哉！

淮南[6]秋雨夜，

高斋[7]闻雁来。

注释

① 闻：听到。

② 故园：这里指诗人的故乡长安。

③ 眇：通“渺”，辽远。

④ 方：刚开始。

⑤ 悠：远。

⑥ 淮南：这里指诗人所在地滁州（今安徽省滁州市）。

⑦ 高斋：楼阁上的书房。

译文

故乡远隔云山，到底在什么地方？归家的思绪正无穷无尽地涌起。在淮南秋雨绵绵的漫漫长夜里，独坐书房中听到了那雁叫声由远而近地传来。

扫码收听朗诵音频

5 菩萨蛮（其二）

［唐］韦庄

人人尽说江南好，游人只合[1]**江南老。**春水碧于天，画船听雨眠。　　垆(lú)边人似月[2]，皓(hào)[3]腕(wàn)凝霜雪[4]。**未老莫还乡，还乡须**[5]**断肠**[6]**。**

注释

①合：应当。
②垆边人似月：指酒家女很美。垆，旧时酒店里用土砌成的四边隆起、中间可安放酒瓮的台子。
③皓：白。
④凝霜雪：像凝结起来的霜雪一样。
⑤须：应。
⑥断肠：形容十分伤心。

译文

人人都说江南好，来到这里的游人只应该在江南慢慢变老。春天的江水清澈碧绿胜过天空的颜色，人们可以在画船上听着雨声入眠。

江南酒家卖酒的女子美丽无比，盛酒撩袖时露出的双臂洁白如雪。年华未衰之时不要回乡，回乡后会因日夜思念这里而伤心难过。

扫码收听朗诵音频

⑥ 苏幕遮

［宋］范仲淹

碧云天，黄叶地，秋色连波，波上寒烟翠。山映斜阳天接水[①]，芳草无情，更在斜阳外。

黯（àn）乡魂[②]，追旅思[③]。夜夜除非，好梦留人睡。**明月楼高休独倚，酒入愁肠，化作相思泪。**

注释

① 山映斜阳天接水：形容夕阳映照山头，远处秋水连天。

② 黯乡魂：因思念故乡而黯然神伤。

③ 追旅思：摆脱不了羁旅的愁思。追，紧随，这里有缠住的意思。

译文

碧云满天，黄叶满地，天边秋色与秋波相连，寒烟笼罩着水波一片苍翠。夕阳映照着山头，天空连接着江水，不解思乡之苦的芳草，一直延伸到夕阳之外的天际。

默默思念故乡黯然神伤，缠人的羁旅愁思难以排遣，每天夜里只有做回乡的好梦时才能安睡。当明月映照高楼时不要独自倚楼远望，只有将那苦酒灌入愁肠，化为相思的眼泪。

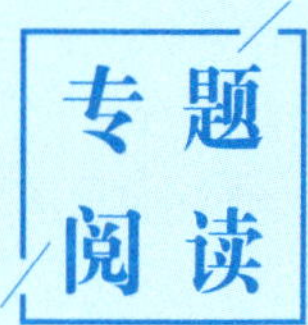

童年·家乡·祖国

在每一个人的心里，童年，永远是一段最纯真无瑕的难忘时光；家乡，永远是一个最难以割舍的温馨港湾；祖国，永远是一片最令人魂牵梦萦的神圣土地。

阅读本组文章，你一定会被作家的这些情感所打动。让我们用心体会，同时学习作者把一件事的重点部分写具体的写作方法。

范文阅读

1 四时田园杂兴（其二十二）[①]

［宋］范成大

雨后山家起较迟，
天窗晓色半熹（xī）微[②]。
老翁欹[③]枕听莺啭（zhuàn）[④]，
童子开门放燕飞。

“开门放燕飞”，写出了农家人与小燕子之间友好、和谐共处的美好情景。

注释

① 诗题下共有六十首，这是第二十二首。
② 熹微：天色微明。
③ 欹：靠。
④ 啭：鸟儿婉转地鸣叫。

春雨过后，山村农家人起床比较晚，清晨微明的天光透过窗户映进屋里。老人家正靠着枕头听黄莺婉转的叫声，孩子却已经打开屋门把燕子放了出去。

2 牧　竖[1]

［唐］崔道融

本诗刻画了一个悠然自得、调皮可爱的牧童形象。

牧竖持[2]蓑笠，
逢人气傲然[3]。
卧[4]牛吹短笛，
耕却[5]傍[6]溪田。

注释

① 牧竖：牧童。
② 持：这里是穿戴的意思。
③ 气傲然：神气十足的样子。
④ 卧：本义为躺，这里指斜坐。
⑤ 却：完了。
⑥ 傍：靠近。

牧童穿着蓑衣，戴着斗笠，碰到人时神气十足。他让牛耕完了溪边的田地，斜坐在牛背上，悠闲地吹着短笛。

3 舟过安仁[1]

[宋] 杨万里

一叶渔船两小童，
收篙(gāo)[2]停棹(zhào)[3]坐船中。
怪生[4]无雨都张伞，
不是遮头是使风[5]。

多么富有童真童趣啊！有感情地读一读吧！

注释

① 安仁：县名。
② 篙：撑船用的竹竿或木杆。
③ 棹：船桨。
④ 怪生：怪不得。
⑤ 使风：指用伞当帆，让风来帮忙，使船前进。

一只小渔船上，有两个小孩子，他们收起了竹篙，停止了划船，坐在船中。怪不得没下雨他们也张开了伞呢，原来不是为了遮雨，而是想把伞当作帆让船前进啊！

4 祖父·后园·我[1]

萧　红

从开篇的字里行间就能读出作者对后园的喜爱。

我拉着祖父就到后园里去了，一到了后园里，立刻就另是一个世界了。绝不是那房子里的狭窄的世界，而是宽广的，人和天地在一起，天地是多么大，多么远，用手摸不到天空。而土地上所长的又是那么繁华，一眼看上去，是看不完的，只觉得眼前鲜绿的一片。

一到后园里，我就没有对象地奔了出去，好像我是看准了什么而奔去了似的，好像有什么在那儿等着我似的。其实我是什么目的也没有。只觉得这园子里边无论什么东西都是活的，好像我的腿也非跳不可了。

---

①本文选自萧红的《呼兰河传》，题目为编者所加。

若不是把全身的力量跳尽了，祖父怕我累了想招呼住我，那是不可能的，反而他越招呼，我越不听话。

等到自己实在跑不动了，才坐下来休息，那休息也是很快的，也不过随便在秧子上摘下一个黄瓜来，吃了也就好了。

休息好了又是跑。

樱桃树，明是没有结樱桃，就偏跑到树上去找樱桃。李子树是半死的样子了，本不结李子的，就偏去找李子。一边在找，还一边大声地喊，在问着祖父："爷爷，樱桃树为什么不结樱桃？"

祖父老远地回答着："因为没有开花，就不结樱桃。"

再问："为什么樱桃树不开花？"

祖父说："因为你嘴馋，它就不开花。"

我一听了这话，明明是嘲笑我的话，于是就飞奔着跑到祖父那里，似乎是很生气的样子。等祖父把眼睛一抬，他用了完全没有恶意的眼睛一看我，我立刻就笑了。

寥寥两组对话，祖孙之间其乐融融的情景便跃然纸上。

简单的"笑"字传递着无尽的快乐。像这样抓住细节描写也是表达感情的好方法。

而且是笑了半天的工夫才能够止住，不知哪里来了那许多的高兴。把后园一时都让我搅乱了，我笑的声音不知有多大，自己都感到震耳了。

后园中有一棵玫瑰。一到五月就开花的。一直开到六月。花朵和酱油碟那么大。开得很茂盛，满树都是，因为花香，招来了很多的蜂子，嗡嗡地在玫瑰树那儿闹着。

别的一切都玩厌了的时候，我就想起来去摘玫瑰花，摘了一大堆把草帽脱下来用帽兜子盛着。在摘那花的时候，有两种恐惧，一种是怕蜂子的钩刺人，另一种是怕玫瑰的刺刺手。好不容易摘了一大堆，摘完了可又不知道做什么了。忽然异想天开，这花若给祖父戴起来该多好看。

通过"我"给祖父的草帽插花这一具体事例，突出了祖父的慈爱和祖孙关系的亲密无间。

祖父蹲在地上拔草，我就给他戴花。祖父只知道我是在捉弄他的帽子，而不知道我到底是在干什么。我把他的草帽给他插了一圈的花，红通通的二三十朵。我一边插着一边笑，当我听到祖父说："今年春天雨水大，咱们这棵玫瑰开得这么香，二里路也怕闻得到的。”

就把我笑得哆嗦起来。我几乎没有支持的能力再插上去。等我插完了，祖父还是安然地不晓得。他还照样地拔着垄上的草。我跑得很远地站着，我不敢往祖父那边看，一看就想笑。所以我借机进屋去找一点吃的来，还没有等我回到园中，祖父也进屋来了。

朗读这段文字，把自己体会到的感情表达出来。

那满头红通通的花朵，一进来祖母就看见了。她看见什么也没说，就大笑了起来。父亲母亲也笑了起来，而以我笑得最厉害，我在炕上打着滚笑。

祖父把帽子摘下来一看，原来那玫瑰的香并不是因为今年春天雨水大的缘故，而是那花就顶在他的头上。

他把帽子放下，他笑了十多分钟还停不住，过一会一想起来，又笑了。

祖父刚有点忘记了，我就在旁边提着说：“爷爷……今年春天雨水大呀……”

一提起，祖父的笑就来了。于是我也在炕上打起滚来。

就这样一天一天的，祖父、后园、我，这三样是一样也不可缺少的了。

这里采用对比的写法，说明后园是“我”童年情感的寄托。

刮了风，下了雨，祖父不知怎样，在我却是非常寂寞的了。去没有去处，玩没有玩的，觉得这一天不知有多少日子那么长。

⑤ 从百草园到三味书屋（节选）

鲁　迅

我家的后面有一个很大的园，相传叫作百草园。现在是早已并屋子一起卖给朱文公的子孙了，连那最末次的相见也已经隔了七八年，其中似乎确凿（záo）只有一些野草；但那时却是我的乐园。

不必说碧绿的菜畦（qí），光滑的石井栏，高大的皂荚树，紫红的桑葚（shèn）；也不必说鸣蝉在树叶里长吟，肥胖的黄蜂伏在菜花上，轻捷的叫天子（云雀）忽然从草间直窜① 向云霄里去了 。单是周围的短短的泥墙根一带，就有无限趣味。油蛉（líng）在这里低唱，蟋蟀们在这里弹琴。翻开断砖来，有时会遇见蜈蚣；还有斑蝥（máo），倘若用手指按住它的

作者把百草园描写得有声、有色、有趣、有味，看来这里的确是他儿时的乐园。

① 窜：现在写作“蹿”。本文有的用字与现在不同，除了“窜”，还有“拍”“罢”等，遵照原文，未加改动。

脊梁，便会拍的一声，从后窍喷出一阵烟雾。何首乌藤和木莲藤缠络着，木莲有莲房一般的果实，何首乌有拥肿[①]的根。有人说，何首乌根是有像人形的，吃了便可以成仙，我于是常常拔它起来，牵连不断地拔起来，也曾因此弄坏了泥墙，却从来没有见过有一块根像人样。如果不怕刺，还可以摘到覆盆子，像小珊瑚珠攒成的小球，又酸又甜，色味都比桑葚要好得远。

长的草里是不去的，因为相传这园里有一条很大的赤练蛇。

长妈妈把故事讲得形象、生动，以至作者现在依然清晰地记得。

长(cháng)妈妈曾经讲给我一个故事听：先前，有一个读书人住在古庙里用功，晚间，在院子里纳凉的时候，突然听到有人在叫他。答应着，四面看时，却见一个美女的脸露在墙头上，向他一笑，隐去了。他很高兴；但竟给那走来夜谈的老和尚识破了机关。说他脸上有些妖气，一定遇见“美女蛇”了；

①拥肿：现在写作“臃肿”。

这是人首蛇身的怪物，能唤人名，倘一答应，夜间便要来吃这人的肉的。他自然吓得要死，而那老和尚却道无妨，给他一个小盒子，说只要放在枕边，便可高枕而卧。他虽然照样办，却总是睡不着，——当然睡不着的。到半夜，果然来了，沙沙沙！门外像是风雨声。他正抖作一团时，却听得豁的一声，一道金光从枕边飞出，外面便什么声音也没有了，那金光也就飞回来，敛在盒子里。后来呢？后来，老和尚说，这是飞蜈蚣，它能吸蛇的脑髓，美女蛇就被它治死了。

结末的教训是：所以倘有陌生的声音叫你的名字，你万不可答应他。

这故事很使我觉得做人之险，夏夜乘凉，往往有些担心，不敢去看墙上，而且极想得到一盒老和尚那样的飞蜈蚣。走到百草园的草丛旁边时，也常常这样想。但直到现在，总还没有得到，但也没有遇见过赤练蛇和美女蛇。叫我名字的陌生声音

“美女蛇”的故事给百草园平添了几分神秘色彩，这也是它令作者难忘的原因之一。

自然是常有的，然而都不是美女蛇。

冬天的百草园比较的无味；雪一下，可就两样了。拍雪人（将自己的全形印在雪上）和塑雪罗汉需要人们鉴赏，这是荒园，人迹罕至，所以不相宜，只好来捕鸟。薄薄的雪，是不行的；总须积雪盖了地面一两天，鸟雀们久已无处觅食的时候才好。扫开一块雪，露出地面，用一枝[①]短棒支起一面大的竹筛来，下面撒些秕谷，棒上系一条长绳，人远远地牵着，看鸟雀下来啄食，走到竹筛底下的时候，将绳子一拉，便罩住了。但所得的是麻雀居多，也有白颊的“张飞鸟”，性子很躁，养不过夜的。

多么有意思的“雪地捕鸟”啊！读一读，看看作者是抓住哪些动作来写的。

这是闰土的父亲所传授的方法，我却不大能用。明明见它们进去了，拉了绳，跑去一看，却什么都没有，费了半天力，捉住的不过三四只。闰土的父亲是小半天便能捕获几十只，装在叉袋里叫着撞着的。

① 枝：现在写作“支”。

我曾经问他得失的缘由，他只静静地笑道：“你太性急，来不及等它走到中间去。”

我不知道为什么家里的人要将我送进书塾里去了，而且还是全城中称为最严厉的书塾。也许是因为拔何首乌毁了泥墙罢，也许是因为将砖头抛到间壁的梁家去了罢，也许是因为站在石井栏上跳了下来罢……都无从知道。总而言之：我将不能常到百草园了。Ade[1]，我的蟋蟀们！Ade，我的覆盆子们和木莲们！……

三个“也许”的排比句式，两个“Ade”，加上最后一个省略号，写出了作者对百草园的留恋和怀念。

①Ade：德语，意思是“别了”或“再见”。

6 月亮故乡好[①]

老　向

开篇借助“月亮故乡好”入题，表达了不管走到哪里，故乡的月夜永远印记在心中，令人难忘。作者在这里直接抒发了自己的思乡之情。

“月亮故乡好，故乡好月亮；月好亮故乡，故乡月好亮！”忘记这是哪一位好朋友的怀乡之作了。当时看过，我只是觉得他把这五个字翻来翻去的好玩儿罢了；到今天，我离开故乡三十多年了，每逢中秋佳节，往往也会感到真的是“月亮故乡好”！

提起我的故乡并不算远，就在河北中部，号称燕南赵北的广大的平原上。是的，平原，广大的平原。你即使立在最高的杨树尖儿上，也不会望见一个山峰的平原。那里是华北的谷仓，是中国的棉场。那里住着勤俭、快乐，而具有特殊幽默的人们。就说中秋节吧。这时候，棉花业已成熟，

① 选入本书时略有删改。

正迎着干燥的秋风，展开拳大的银絮；可爱呀，由东白到西，由南白到北。抛开任何物利观念，单是那温暖的雪景，就会教人不能不感谢上苍！谷类，大半都已收割了，颗粒装得大囤满，小囤流，场上只剩下一堆一垛的谷荛(ráo)。芝麻秆晒上屋顶，玉米种垂下屋檐。街头巷尾，簇的满是秫(shú)秸和干草。篱笆，被斗大的南瓜压得东倒西仆，上面挺生着紫色的扁豆花。耕牛，哲学家似的卧在树下倒嚼；雄鸡，战斗士似的围着耕牛追逐。田间一片歌声，街上不断欢笑，连傍晚的炊烟，都显示着轻松、愉快。天，总是晴朗得大而且蓝，阴雨简直成了例外。这样情景，月，怎会不特别好，怎会不格外亮！

丰收的景象，愉快的心情，真是美好！

“八月十五是嘴节。”中秋，故乡父老，是不吝惜自行犒劳一次的，毕竟辛苦了大半年了嘛！村庄里热心的壮年们，前几天就把廉价的肥猪从大集上运回来。他们自告奋勇做了临时屠户，一边宰杀，一边按着人口多少，三斤五斤地给送上门。没有黑市，无须抢购，肉价是按猪的成本核算的，也无须给承办人合法的利润。在这为百年不散的老乡亲们服务的事件上，谁也绝对不想要得到半文钱的报酬。猪价，是比较富裕的主儿们垫付。非到年底，这垫款不会全数收回。这，从老年就是如此，没有人居功，也没有人感谢！其余像海带、粉条以及作料之类，也都是有闲马的人家，整总地运来，各家再零碎着分去。这两天，主妇们可真够忙了，忙着去田里摘棉花，忙着入厨下做肴馔(zhuàn)。可是她们的汗水，遮不住脸上的笑容。谁都是快乐的呀！其实所谓肴馔，在城市的人们看来，也许会见笑吧，不过是肉膏、灌肠、炸豆腐、醋海带之类，主馔仅仅是一锅杂烩菜。可是对于轻易不见荤腥的乡下人来说，却是无上的美味。

中秋节故乡父老犒劳自己的方式让我们感受到那里民风的淳朴。

月饼、鸭梨、石榴、葡萄、大量的烧酒，有帮工的人家是必须置办的。在我的记忆中，我们家年年都是用大车从集上把这些珍品拉回来。可是在祭月之前，谁也不能擅自尝一点儿，我们孩子们干瞅着吞口水。等到晚饭以后，月出东方，普照着和乐的农村，家家要祭月了。我们家的供品，除了一般的月饼、水果之外，往往会把自种的、最好的、保存在粮食囤里的大个儿西瓜搬出来，切开，摆在院中的供桌上。这一着儿，邻居们都表示欣羡，我们感到很骄傲。鞭炮一响，纸马一焚，中秋节的真正欢度，才刚刚开始。

从对中秋祭月的叙述中，可以体会到故乡人对节日有着隆重的仪式感。

分配月饼、水果，是我们孩子们最盼望的了。可是，结果往往使我们很不平，最好最多的都给了帮工。我们在分得了少数葡萄、两个梨子、半个石榴、一块月饼之后，正在喜悦跳跃，大人们往往又派我们一个不甚情愿的差使，就是给那些孤寡的亲戚或邻居去送月饼。现在想起来，他们大半都是因为遭遇变故，失去过节兴趣的可怜人。可是那时，看见他们得的份儿比我们的高几倍，也不免发生一种幼稚的不平。好容易跑完了这些差使，我们分得的那一小份儿，在怕吃坏肚子的理由之下，被大人们又给收存起一部分来，留待来日。所以，那时我想，赶紧长大了去做帮工，平时好饭好菜先让帮工吃，节礼还可以批个大份儿。

多么亮的圆月，多么浓的节日氛围！读句子，体会作者表达的情感。

月，越高越亮，地上有根缝针都可以看得见了。整个的乡庄都沉浸在佳节的氛围之中。像我们这雇得起一两个帮工的人家，老当家的，亲自用托盘把应有尽有的酒肉果品，送到帮工屋里，亲手斟上酒，由衷地向他们致谢、慰劳。帮工们干了一杯之后，必定提起酒壶来，回敬当家人。酒过三巡，当家的借词退出，这就成了帮工和平时同工的主人的世界了。屋子嫌太小，他们将酒菜移到野外的打谷场上，席地而坐，对着那当空皓月，开始畅饮。

敢情是人同此心，壮夫们都是以天地为庐舍地成了习惯，都陆续地搬到场上。

三个一伙，五个一群，东也猜拳，西也叫酒。可是这样，他们还感到并不十分尽兴。慢慢地，这一群去邀那一伙，那一伙又来请这一群；南街的邀北街的，东头的请西头的，人来人往。他们忽而这儿，忽而那儿，谁也不吝惜脚步。后来，索性由小群联成大群，集中在少数的谷场上。不用说，酒肴也都混在一起，杯盘也不再分家。平时，彼此之间，有些“铁铲碰锅边儿”的小嫌隙，一睹面，一照杯，不必多言，自然冰消火灭。月亮！看着这一群群的古朴善良的百姓们，自由地说道，纵声地哗笑，大口地喝酒，没有虚伪的礼貌，自然赐给他们更丰富的收成吧！

月亮偏向东南，酒劲儿有了八分。会武术的，单人的六合拳、醉八仙，双人的白手夺刀、双钩擒枪，一套一套地表演出来。不管好歹，大家自会给他尽情地喝彩。三弦、大鼓，弹的、唱的，也都铺下坛场。东街上唱的杨家将，西街唱的破孟州。所

聚群畅饮、猜拳逗乐……热闹、欢乐、和谐，一切皆印刻在作者的记忆中，一切都值得怀念！

有他们半生不熟的热闹回目，会一齐施展出来。然而这些还不过瘾。最后是大锣大鼓，全般乐器搬出来，不必打通就开了大戏，是的，大戏。那时，我的故乡，财主们成立五个戏班子，轮流在各村镇上演出是极平常的事。所以，一般人们对于大戏的知识特别丰富。他们不仅明白戏的故事，知道戏的唱法，连某一个角色的身段、做派，怎样才算恰到好处，说来都头头是道。平时，在田间工作，不论是昆腔还是梆子腔，开口就来。这个唱罢生，那个自会接上旦。各项人才都全，不必去邀外角。遇上这样佳节，这样明月，不穿行头不化装，两三场坐台戏，还不是易如反掌？听吧！锣鼓声闻十里，笛子响彻云霄。不是醉打山门，便是薛礼回家。无论是唱的、吹的，因为都喝了个八成醉，也许忘了词句，也许错了板眼，但都不失为大家欢乐的资料。直闹到所有的酒不剩一滴，夜深，露浓，月亮偏到西南，大家才有了倦意，才呼兄唤弟，

边读边想象句中描写的情景，体会作者内心的感受。

搀搀扶扶，踉踉(liàng)跄跄(qiàng)地各自回家。

这样良宵，月亮是不会遗忘谁的。所有的男男女女，都要走出街门，参加或欣赏他们认为最有趣的娱乐。谁也不肯辜负这美好的月亮，悄悄地去睡觉。辛苦的还是当家人，女的得伺候着给大家烧茶添菜，男的得准备着去收拾那些狼藉的杯盘。

人人心中有个月亮。天上的月亮在心中，心中的月亮在天上。良宵赏月最难忘，月亮最是故乡好！

此情此景，是年代久远的事吗？不是！现在如何？咳！我不忍想。怕是天上布满愁云，地上起着惨雾，连月亮都看不见了。

1938 年中秋翌日稿

阅读链接

中秋节由古代秋夕祭月演变而来，有祭月、赏月、吃月饼、玩花灯、赏桂花、饮桂花酒等习俗。人们以月圆寄托家人团圆的愿望，表达思念故乡、思念亲人的感情。

7 藕与莼（chún）菜

叶圣陶

嚼雪藕忆故乡，开门见山，直抒胸臆。

同朋友喝酒，嚼着薄片的雪藕，忽然怀念起故乡来了。若在故乡，每当新秋的早晨，门前经过许多的乡人：男的紫赤的臂膊和小腿肌肉突起，躯干高大且挺直，使人起康健的感觉；女的往往裹着白地青花的头布，虽然赤脚，却穿短短的夏布裙，躯干固然不及男的这样高，但是别有一种康健的美的风致；他们各挑着一副担子，盛着鲜嫩玉色的长节的藕。在藕的家乡的池塘里，在城外曲曲弯弯的小河边，他们把这些藕一濯（zhuó）再濯，所以这样洁白了。仿佛他们以为这是供人体味的高品的东西，这是清晨的图画里的重要题材，假若满涂污泥，就把人家欣赏的浑凝之感打破了；这是一件罪过的事情，他们不愿意担在身上，故而先把它们濯得这样洁白了，才挑进城里来。他们想要休息的时候，就把竹扁担横在地上，自己坐在上面，随便拣择担里的过嫩的藕枪或是较老的藕朴，大口地嚼着解渴。过路的人便站住了，红衣衫的小姑娘拣一节，白头发的老公公买两支。清淡的甘美的滋味于是普遍于家家且人人了。这种情形，差不多是平常的日课，直要到叶落秋深的时候。

读着描写卖藕人一系列动作的语句，一群憨厚、朴实的农民的形象跃然纸上。

在这里，藕这东西几乎是珍品了。大概也是从我们的故乡运来的，但是数量不多，自有那些伺候豪华公子硕腹巨贾(gǔ)的帮闲茶房们把大部分抢去了；其余的便要供在大一点的水果铺子里，位置在金山苹果吕宋香芒之间，专待善价而沽。至于挑着担子在街上叫卖的，也并不是没有，但不是瘦得像乞丐的臂腿，便涩得像未熟的柿子，实在无从欣羡。因此，除了仅有的一回，我们今年竟不曾吃过藕。

采用对比的写法，衬托出故乡淳朴的民风，借物抒情，更显思乡情重。

这仅有的一回不是买来吃的，是邻舍

送给我们吃的。他们也不是自己买的，是从故乡来的亲戚带来的。这藕离开它的家乡大约有好些时候了，所以不复呈玉样的颜色，却满被着许多锈斑。削去皮的时候，刀锋过处，很不顺爽，切成了片，送入口里嚼着，颇有点甘味，但没有一种鲜嫩的感觉，而且似乎含了满口的渣，第二片就不想吃了。只有孩子很高兴，他把这许多片嚼完，居然有半点钟工夫不再作别的要求。

这是一个过渡句，作者将莼菜与藕联系起来，由此继续抒发对故乡的怀念之情。

因为想起藕，又联想到莼菜。在故乡的春天，几乎天天吃莼菜。莼菜本来没有味道，味道全在于好的汤。但这样嫩绿的颜色与丰富的诗意，无味之味真足令人心醉呢。在每条街旁的小河里，石埠（bù）头总歇着一两条没篷船，满舱盛着莼菜，是从太湖里去捞来的。像这样的取求很便，当然能得日餐一碗了。

而在这里又不然；非上馆子，就难以吃到这东西。我们当然不上馆子，偶然有一两回去叨扰朋友的酒席，恰又不是莼菜上市的时候，所以今年竟不曾吃过。直到最近，伯祥的杭州亲戚来了，送他几瓶装瓶的西湖莼菜，他送我一瓶，我才算也尝了新了。

向来不恋故乡的我，想到这里，觉得故乡可爱极了。我自己也不明白，为什么会起这么深浓的情绪？再一思索，实在很浅显的：因为在故乡有所恋，而所恋又只在故乡有，便萦着系着，不能离舍了。譬如亲密的家人在那里，知心的朋友在那里，怎得不恋恋？怎得不怀念？但是仅仅为了爱故乡么？不是的，不过在故乡的几个人把我们牵着罢了。若无所牵，更何所恋？像我现在，偶然被藕与莼菜所牵，所以就怀念起故乡来了。

画出本段中与文章开头第一句话相照应的句子，你从中体会到了作者什么样的情感？

所恋在哪里，哪里就是我们的故乡了。

1923 年 9 月 7 日作

8 相思岬

陈慧瑛

开篇直抒胸臆，点出鼓浪屿上的海岬是百看不厌的胜地。

即使是风景佳绝的胜地，几番寻幽觅胜后，旧地重游之心便也淡漠。然而，在美丽的白鹭城里，有一个并不显眼的地方，却令我百去不厌，那便是鼓浪屿岛上的一条海岬。

那海岬隐在港仔后海湾的一个偏僻处，形似展翅的飞鸥——一翅连着岛上长满暗绿相思树、亮紫三角梅和金黄野菊花的山岩；一翅徐徐伸入清澈柔蓝的海水之中。

三十二年前，我刚从南洋回到祖国，正在台北教书的姑妈接到祖母的快信，迫不及待地乘飞机回到家中。当时姑妈不过二十四岁，秀丽娴雅，像一茎亭亭的君子兰，一看就叫人喜欢。姑妈很爱我，不满四周岁的我，依人小鸟似的，也终日离不开姑妈。

一天，姑妈带着我来到这个不知名的海岬游玩，采了好些相思枝和三角梅给我编成花环。时近黄昏，姑妈望着被夕阳染成五光十色的海面，轻轻叹了口气，说：“姑姑快走了，以后你会不会想起姑姑？”我没回答，却哭了。姑妈忙抱起我：“乖，别哭，只隔了一条水，学校一放假，姑姑就回来看你！”

用相思枝和三角梅编成花环，寓意深刻。

谁料到，这一去，花谢花开，潮涨潮落，几十个春秋就这样消逝，除了梦中，何曾相见？

从这句话中，你体会到了怎样的情感？可以和同学交流一下你的理解。

姑妈离家不久，厦门便解放了。由于众所周知的原因，小心谨慎的祖母噙着老泪烧毁了姑妈的一切照片和书信，姑妈的名字也在家人的口中消失。只有年幼无知的我，还时时叨念起姑妈，但总要引来长辈一阵莫名其妙的斥责。

可是，每年中秋节，祖母总要摆上香案瓜果，背着邻人幽幽地低声祷告：“月娘娘，您保佑阿云出外平安，保佑我们母女今生再相见……”祖母总是边祷告边流泪，泪水往往把胸前的衣衫打湿了一大片。

祖父早逝，姑妈是祖母膝下唯一的女儿。慈母的心啊，在岁月的风霜中，在无声的暗泣里，思念着、等待着……等待着团圆的那一天……

当我稍解人事的时候，便常常怀着一种渺茫而暗淡的思绪到海岬来。每到这儿，我便想起姑妈的话：“……只隔了一条水……”是啊！只隔了一条水，为什么姑妈不能回家来？我问空蒙的大海，大海不答；我问浩渺的天空，天空无声。我想到我飘零异乡的姑妈，不，我更多地想到我风烛残年的祖母，常常不由自主地流下泪来。我想，花晨月夕，大海那边的姑妈，一定也在苦苦地思念故乡白发萧萧的亲娘，思念我——她心爱的侄女儿。那日日夜夜的浪语涛音啊，该不就是离人们摧肝裂胆的哭诉？

作者采用反问的句式，把自己和祖母内心的情感表现得淋漓尽致。画出文中其他几处反问句，尝试运用这种写法来抒发情感。

祖母终于离开了人世，在九十五岁高龄的时候。临终时，老人吃力地指了指心口，叫了声“阿云……”就咽了气。

办完丧事，恰是中秋。傍晚，我独自徜徉在海岬上，望风涛舟楫，悠悠远去，皎洁玉兔，冉冉东升；听相思树悲咽、东海潮哀歌，心中涌起了一种难以名状的惆怅——祖母和姑妈的生离死别已成终天之恨，然而，还有我，还有许许多多亲离戚散的家庭，在这“佳节倍思亲”的中秋之夜，仍在翘首彼岸，苦盼天上月圆、人间欢聚……啊，珠泪盈波、愁云映水的相思岬，你记录了人间多少离怨和别恨？！我想，倘若有一天，你真的变成一只自由翱翔于海峡两岸的轻鸥，变成一个迎亲送友、喜气盈盈的码头，那将给乡亲和台胞带来多少甜蜜的笑，多少深情的歌，带来千言万语描摹不尽的欢乐！

在这里，作者表达了强烈的思亲之痛。

当然，我相信总有那么一天！每当逢年过节，那“空飘”的气球袅袅地消失在这里运用排比句层层推进，句句饱含真切之情，字字蘸满思亲之意。

彼岸的云天，那“海漂”的包裹悠悠地漂向对面的沙滩；每当乡亲们通过广播向台、澎、金、马的亲人传出感人肺腑的心声；每当国家领导人又一次发出洋溢民族正气的召唤，我就愈加坚定心中美好的信念——精诚所至，金石为开！人为的藩篱一定能拆除，相思的苦海一定会填平，宝岛一定会回归，海峡两岸的亲人一定能团圆，姑妈，我和您一定会相见！

当姑妈回乡的时候，我要和姑妈一起重访相思岬。那时候，这儿就是花香月明、潮歌浪笑的团圆岬了。

照应开头，真情召唤，催人泪下。请用心体会直抒胸臆的表达方式的好处。

我在相思岬上等着您呀——姑妈，您快回家了吧？！

1982 年

9 乡　心

巴　金

我不想睡，趁大家酣睡的时候，跑到舱面上去走走。

我上了舱面就感到一股寒气，不由得扯起大衣的领子来。四周没有一个人，只有吵人的机器声时时来到我的耳边。

浪很小，船也平稳，风并不大。一轮明月照在万顷烟波之上，蓝色的水被月光镀上了银色。月光流在波上，就像千万条银鱼在海上游泳。我这时真想拿一根钓竿，把它们钓几尾上来。

作者通过写自己的想法，表达内心的寂寞、无聊和孤单，间接地传达了自己的一片“乡心”。

我默默地在舱面上走着。明月陪伴着我，微风轻抚着我。有无涯的大海让我放观；有无数的回忆尽我思量。人生难得几良宵。是乐么，还是痛苦？

三十四天的旅行到此告了一个段落。

明天太阳照眼时，我们就要踏上法国的土地了。这时候似乎又觉得船走快了些。现在对于海上的生活又感到了留恋。这三十四天的生活的确是值得人留恋的。然而明天我们一定要上岸了。

作者要上岸了，应该快乐，但上岸意味着离开家乡，内心会更加思念故土，会更加孤独和痛苦。这种矛盾的心理读来令人心疼。

“明天要上岸了”，和以前在家时，在上海时，“明天就要走了”的思想一样，激动着我的心。这种时候要说是快乐吧，自己心里又不舒服；要说是痛苦吧，又是自己愿意做的事情。这是怎样的矛盾啊！我一生就是被这种矛盾支配了的。

不知道怎样，我竟然被无名的悲哀压倒了。四周有这么好的景致，我却不能欣赏，白白地拿烦恼来折磨自己。时候不早了，明天还得走一整天的路。倘若在家里，我的大哥一定会催我：“四弟，睡得了——”现在呢，即使我走到天明，也没有人来管我。能看见我的，除了万顷烟波之外，就只有长空的皓月一轮。

借古诗名句抒发了睹月思人、想念家乡的感情。

“海上生明月，天涯共此时”“共看

明月应垂泪，一夜乡心五处同”——锋镝余生的我，对此情景，能不与古诗人同声一哭！

然而过去的终于是过去了。我应该把它们完全忘掉，我需要休息。明天我还得以新的精力来过新的生活。

笔锋一转，作者以昂扬的姿态从沉重的思乡情结中走出，更能反衬出思乡之情时时处处萦绕于作者心间。

阅读链接

巴金（1904—2005），中国现代著名作家。他的主要作品有“激流三部曲”（《家》《春》《秋》）、“爱情三部曲”（《雾》《雨》《电》）、《寒夜》、《随想录》等。冰心曾这样评价巴金：“他是一个爱人类，爱国家，爱人民，一生追求光明的人，不是为写作而写作的作家。”

组文阅读

童年生活是多彩的，童年记忆是丰富的，一处风景、一件傻事、一段暖心的话语、一位影响深远的人物……都构成了我们童年画册中珍贵的一页……

用心读本组文章，想一想：作者分别写了哪些内容？是怎样把重点部分写具体的？在这些回忆中，又表达了作者怎样的情感呢？

1 童年的玩与学[①]

刘绍棠

北运河从通州城北下来，九曲十环二十八道弯儿，一头撞在几大堆翠柳白沙高岗上，拐了个弓背，搂住一大片河滩。河滩方圆十几里，河汊子七出八进，一道青藤白条绿蔓儿，沿河大大小小的村落，就像满天星的早花西瓜。其中一个只有几十户人家的小村，便是我的生身之地。

一直到我九岁，我没有离开这块狭天窄地一步。北运河的水土和民间文化，哺育我的身心，陶冶我的性情。

① 本文选自刘绍棠的《童年，说不完的故事》，略有删改。

我落生的时候是个假死，北运河农村叫草命生，一个时辰（两个小时）不会哭，是收生婆赵大奶奶把我救活。赵大奶奶给我接生时已经八十出头。她那泥土色的面庞上，刻下深深的饱经风霜的皱纹。夏天喜欢坐在她家柴门外的大槐树荫下，看我手拿着柳枝儿追逐蜻蜓，从她面前跑过去，便叫着我的奶名把我喝住，拢到她身旁，给我讲义和团打八国联军洋鬼子的故事。

四岁那年，三伏天歇晌，我趁母亲睡熟，蹑手蹑脚溜出屋，从篱笆根下扒个窟窿钻出小院，直奔村南池塘岸上的柳棵子地。天热得像下火，鸟儿好像怕烤焦了翅膀，躲到柳棵子深处，闭上眼睛张着嘴儿，伸出舌头喘气。

我想乘虚而入，捕捉一只黑头、白脖、红颏（ké）儿、花翅膀的山雀。可是，鸟儿睡觉有打更的，我刚钻进柳棵子地，打更的一声叫唤，惊醒睡觉的鸟儿，扑噜噜飞上了天。

我捉不着天上飞的，又想抓水里凫的。一池碧水，片片青萍，一缕缕的绿藻缠绕在狗尾巴花的半腰上，鼓眼珠子的凤尾小鱼，在青萍绿藻间穿来穿去，钻上钻下。我当时还不会凫水，只敢下到水边。但是鱼儿比鸟儿还难捉，我瞪圆了眼睛盯住一尾，刚要伸手去抓，小鱼一甩尾巴，跑了，在水中忽前忽后，忽左忽右。

惹得我恼火，更逗起我的兴致，昏了头红了眼，向前猛跨一步，一脚踏空，镜子面似的碧水一口把我吞了进去。我吓得大喊大叫，喊一声喝一口水，后来就失去了知觉。等我醒来，却躺在柳荫下的一片白沙上，是一位姓刘的老叔把我从没顶之灾中救了出来，抱上岸提起双腿，控净了肚子里的黄汤绿水，死里逃生。

我童年时顽皮淘气，历尽三灾八难而得以不死，能够长大成人，还多亏另外几位救命恩人。

我五岁那年春季，北运河流域闹土匪。一天半夜三更，土匪进村绑票，全家逃散，把我扔在炕上，是一位名叫大脚李二的大伯爬墙上房，下到院里，走进屋来，把我掩抱在怀中，带我脱离险境。六岁那年晚秋，我跟伙伴们在收割后的田野上追兔子，不小心被枯藤绊倒，尖利如刺刀的茬子扎伤了我的喉咙，是一位姓赵的老爷子给我急救，觅来一个偏方配药，妙手回春，使我的伤口愈合活了命。后来，季聋爷说评书吸引了我，我就不再疯玩野跑了。

季聋爷在河边种瓜。他脑瓜顶上盘曲着一条枯藤似的小辫子，耳朵聋得连雷声都听不见。两只肩膀一副挑筐，在河边浅滩上垫出二亩瓜田，每年都种西瓜、甜瓜、香瓜、面瓜，搭一座窝棚看瓜。我跟他的孙子良子是好朋友，每天中午良子挎着柳篮给爷爷送饭，我就跟良子搭伴到瓜田去。季聋爷喜欢说书，会说《三国演义》和《杨家将》，但是没有人肯听，连良子一听爷爷开口“话说……”也捂着耳朵逃走。然而，我却听得出神入迷。季聋爷把我引为知音，越发大卖力气，说到兴奋处，抓起看瓜的红缨柳叶枪，挥舞着高声呐喊：“呔！来将通名，赵子龙枪下不死无名之鬼！”

评书老有“扣子”，欲知后事如何？总不给立刻分解。我心如油煎，非常难受；不久我上了学，识得不多几个字，便到庙会上买书来看。

于是，我从玩中学到学中玩了。

2 追“屁”①

赵丽宏

五六岁的时候，我有个奇怪的嗜(shì)好：喜欢闻汽油的气味。我认为世界上最好闻的味道就是汽油味，比那种绿颜色的明星牌花露水气味要美妙得多。而汽油味中，我最喜欢闻汽车排出的废气。于是跟大人走在马路上，我总是拼命用鼻子吸气，有汽车开过去，鼻子里那种感觉真是妙不可言。有一次跟哥哥出去，他发现我不停地用鼻子吸气，便问：“你在做什么？”我回答：“我在追汽车放出来的气。”哥哥大笑道：“这是汽车在放屁呀，你追屁干吗？”哥哥和我一起在马路边前俯后仰地大笑了好一阵。

笑归笑，可我的怪嗜好依旧未变，还是爱闻汽车排出来的气。因为做这件事很方便，走在马路上，你只要用鼻子使劲吸气便可以。后来我觉得空气中那汽油味太淡，而且稍纵即逝，闻起来总不过瘾，于是总想什么时候过瘾一下。我终于想出办法来。一次，一辆摩托车停在我家弄堂口。

① 本文选自赵丽宏的《童年笨事》。

摩托车尾部有一根粗粗的排气管，机器发动时会喷出又黑又浓的油气，我想，如果离那排气管近一点，一定可以闻得很过瘾。我很耐心地在弄堂口等着，过了一会儿，摩托车的主人来了，等他坐到摩托车上，准备发动时，我动作敏捷地趴到地上，将鼻子凑近排气管的出口处等着。摩托车的主人当然没有发现身后有个小孩在地上趴着，只见他的脚用力踩动了几下，摩托车呼啸着箭一般蹿出去。而我呢，趴在路边几乎昏倒。

那一瞬间的感觉，我永远不会忘记——随着那机器的发动声轰然而起，一团黑色的烟雾扑面而来，把我整个包裹起来。根本没有什么美妙的气味，只有一股刺鼻的、几乎使人窒息的怪味从我的眼睛、鼻孔、嘴巴里钻进来，钻进我的脑子，钻进我的五脏六腑。我又是流泪，又是咳嗽，只感到头晕眼花、天昏地黑，恨不得把肚皮里的一切东西都呕吐出来……天哪，这难道就是我曾迷恋过的汽油味儿？等我趴在地上缓过一口气来时，只见好几个人围在我身边看着我发笑，好像在看一个逗人发乐的小丑。原来，猛烈喷出的油气把我的脸熏得一片乌黑，我的模样狼狈而又滑稽……

从此以后，我开始讨厌汽油味，并且逐渐懂得：任何事情，做得过分以后，便会变得荒唐，变得令人难以忍受。

③ 最美的书包

乔　叶

每当看到现在的孩子们背着那些印满了各式各样卡通画的精致书包去上学时，我就会想起属于我的第一个书包。

那个书包是个花格子书包。

花格子书包是妈妈做的。

七岁那年，整天跟在哥哥的书包后面当小尾巴的我，终于也拥有了上学的资格。在学校里，我各科成绩都遥遥领先，真可谓是春风得意，很是风光。可是有一件事却老是让我耿耿于怀，觉得自己在众人面前抬不起头来。

我没有书包。

那时候，我们乡下孩子最常背的就是花格子书包。所谓的花格子书包就是用平常裁衣服剩余的碎花布拼接成一个个大小相等的花方格，然后再把这些花方格缝在一起的书包。当时在我眼里，这大约是世界上最美的书包了。

但是我却连一个书包都没有，更不用说什么花格子书包了。于是，每逢上下学的时候，只要一看到有书包的同学们在一起议论他们书包上的哪块花布是多么多么好看，我都会躲得远远的。我在心里一遍遍地叫喊着我要花格子书包！我应该有那样一个书包！

新学期即将来临的时候，我终于向妈妈开了口。

“家里没有碎花布。”妈妈平静地说。

“我要。”我固执地坚持着，却不敢看妈妈的脸。家里的窘境我是知道的，成年不做件新衣服，平日里连往旧衣服上打补丁的布，妈妈都要翻箱倒柜地找上半天，哪里还会有碎花布给我做书包呢？

然而，我不能没有书包。面对我倔强的沉默，妈妈没有再说话。

从那以后，我发现从来就不喜欢串门的妈妈开始串门了。对于寡言少语的她来说，和人谈天说地是件很吃力的事情；有好几次，在一边玩耍的我都发现妈妈的脸被别人的话锋挤得通红通红。

然而，她却依然全力以赴地行动着——因为，每每从一户人家里走出来，她的手里都能够得到几块色泽分明的碎花布。

不知道串了多少家的门户，不知道有过多少次艰难的开口，妈妈终于攒够了做书包的花布。

开学的前夜，妈妈把书包做好了。美丽的图案，细密的针脚——这真是一只可爱的书包！我还惊喜地发现，书包里面居然还有一个夹层。这可是我们村所有的书包里独一无二的新设计哟。

我兴奋地把书包看了又看。忽然间一抬头，看见了妈妈的脸。她的眼神十分安适。“好好学习。”她依然平静地说。

躺在床上，我的泪水忍不住淌了一脸，愧疚和不安开始一点一点地吞噬(shì)我的喜悦和满足。我不是一个傻孩子，我知道这个书包对妈妈来说意味着什么：这一块块鲜艳的花方格是她一缕缕被撕裂的矜持和尊严，这一道道匀称的针线是她那颗绵延万里却从不言爱的心啊！

第二天上学的时候，我郑重地背上了这个书包。书包里装的东西很少，我却觉得它沉甸甸的。后来，这个沉甸甸的书包一直陪伴我读完了小学和初中，直到它不能再用，我也依然完好无缺地保存着它一直到现在。因为我知道：这个书包必定是世界上最珍贵最美的书包。

④ 冬阳·童年·骆驼队

——《城南旧事》后记

林海音

骆驼队来了，停在我家的门前。

它们排列成一长串，沉默地站着，等候人们的安排。天气又干又冷，拉骆驼的摘下了他的毡帽，秃瓢儿[①]上冒着热气，是一股白色的烟，融入干冷的大气中。

爸爸在和他讲价钱。双峰的驼背上，每匹都驮着两麻袋煤。我在想，麻袋里面是“南山高末”呢，还是“乌金墨玉”？我常常看见顺城街煤栈的白墙上，写着这样几个大黑字。但是拉骆驼的说，他们从门头沟来，他们和骆驼，是一步一步走来的。

另外一个拉骆驼的，在招呼骆驼们吃草料。它们把前脚一屈，屁股一撅，就跪了下来。

爸爸已经和他们讲好价钱了。人在卸煤，骆驼在吃草。

我站在骆驼的面前，看它们吃草料咀嚼的样子：那样丑的脸，那样长的牙，那样安静的态度，它们咀嚼的时候，

---

① 秃瓢儿：指光头。

上牙和下牙交错地磨来磨去，大鼻孔里冒着热气，白沫子沾满在胡须上。我看得呆了，自己的牙齿也动起来。

老师教给我，要学骆驼，沉得住气的动物。看它从不着急，慢慢地走，慢慢地嚼；总会走到的，总会吃饱的。也许它天生是该慢慢的，偶然躲避车子跑两步，姿势就很难看。

骆驼队伍过来时，你会知道，打头儿的那一匹，长脖子底下总会系着一个铃铛，走起来，“当、当、当”地响。

“为什么要一个铃铛？”我不懂的事就要问一问。

爸爸告诉我，骆驼很怕狼，因为狼会咬它们，所以人类给它们戴上了铃铛，狼听见铃铛的声音，知道那是有人类在保护着，就不敢侵犯了。

我的幼稚心灵中却充满了和大人不同的想法，我对爸爸说：

“不是的，爸！它们软软的脚掌走在软软的沙漠上，没有一点点声音，你不是说，它们走上三天三夜都不喝一口水，只是不声不响地咀嚼着从胃里反刍出来的食物吗？一定是拉骆驼的人类，耐不住那长途寂寞的旅程，所以才给骆驼戴上了铃铛，增加一些行路的情趣。”

爸爸想了想，笑笑说：

“也许，你的想法更美些。”

冬天快过完了，春天就要来，太阳特别的暖和，暖得让人想把棉袄脱下来。可不是吗？骆驼也脱掉它的绒袍子啦！它的毛皮一大块一大块地从身上掉下来，垂在肚皮底下。我真想拿把剪刀替它们剪一剪，因为太不整齐了。拉骆驼的人也一样，他们身上那件反穿大羊皮，也都脱下来了，搭在骆驼背的小峰上。麻袋空了，“乌金墨玉”都卖了，铃铛在轻松的步伐里响得更清脆。

夏天来了，再不见骆驼的影子，我又问妈：

“夏天它们到哪里去？”

“谁？”

“骆驼呀！”

妈妈回答不上来了，她说：

“总是问，总是问，你这孩子！”

夏天过去，秋天过去，冬天又来了，骆驼队又来了，但是童年却一去不还。冬阳底下学骆驼咀嚼的傻事，我也不会再做了。

可是，我是多么想念童年住在北京城南的那些景色和人物啊！我对自己说，把它们写下来吧，让实际的童年过去，心灵的童年永存下来。

就这样，我写了一本《城南旧事》。

我默默地想，慢慢地写。看见冬阳下的骆驼队走过来，听见缓慢悦耳的铃声，童年重临于我的心头。

1960 年 10 月

阅读链接

林海音（1918—2001），本名林含英，中国当代女作家。1923年，林海音随父母迁居北京。她的童年在北京度过，北京是她精神上的故乡。林海音作品中有很明显的成长主题，如《城南旧事》中，主人公英子还没有长大成人时，就开始担负起不是小孩子所该负的责任了。同样，在林海音笔下，成年人大都会在很长一段时间里探寻自己的行为举止是否已经是个“大人样”了。

阅读实践

活动一

不一样的童年

默读文章，思考：每篇文章的主要内容是什么？与同学交流，然后分别用一两个关键词，来概括一下四位作家对童年的不同感受。

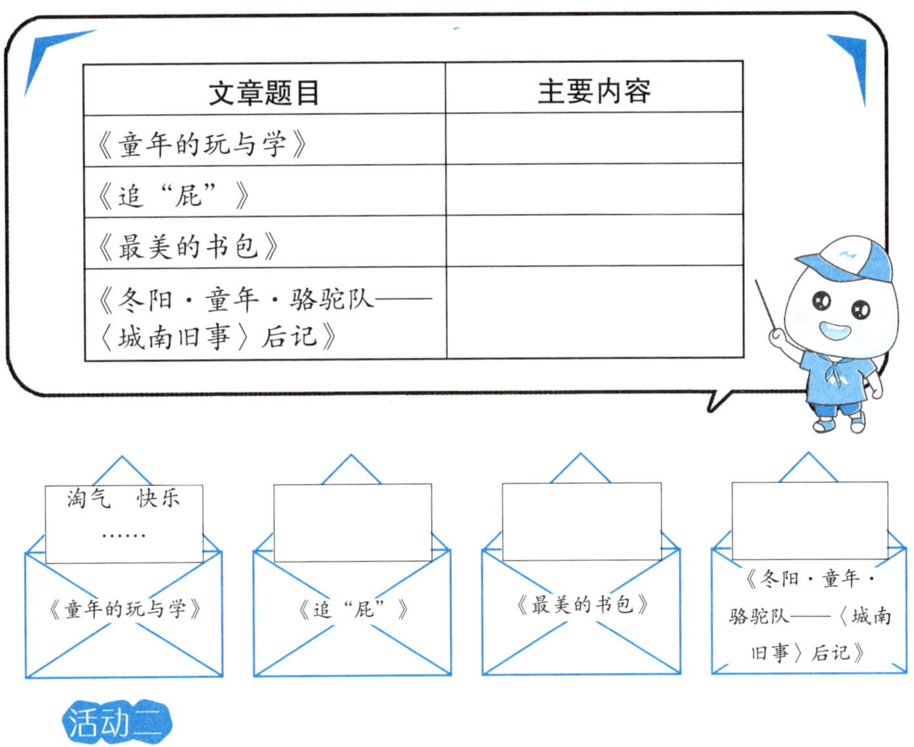

文章题目	主要内容
《童年的玩与学》	
《追“屁”》	
《最美的书包》	
《冬阳·童年·骆驼队——〈城南旧事〉后记》	

活动二

童年情难忘

下池塘抓鱼、追“屁”、拥有新书包、学骆驼咀嚼以及和爸爸讨论驼铃声……作者是怎样把这些事情写具体的，又表达出什么样的情感呢？先找出文中具体细致描写的句子，在旁边批注下自己的阅读体会，然后当个小小朗读者读一读，读出字里行间蕴含的情感。

细致描写的句子		阅读体会
动作	我瞪圆了眼睛盯住一尾，刚要伸手去抓……向前猛跨一步，一脚踏空…… ——《童年的玩与学》	抓住细节叙事，直接写出内心的不服输，读起来生动形象，令人印象深刻。
语言	它们软软的脚掌走在软软的沙漠上……增加一些行路的情趣。 ——《冬阳·童年·骆驼队——〈城南旧事〉后记》	
心理	我不是一个傻孩子……这一道道匀称的针线是她那颗绵延万里却从不言爱的心啊！ ——《最美的书包》	

童年调色板

不同的故事，让人联想到不同的色彩。读《追“屁”》，你眼前一定会浮现出排气管那股烟雾的黑色；读《冬阳·童年·骆驼队——〈城南旧事〉后记》，你可能想到了暖阳的黄色……回忆往昔，你想用哪种颜色来形容自己的某个童年故事呢？

我想用______（什么颜色）来形容我童年______的故事。

______

______

______

多少遍吟诵经典诗文，多少次梦回故乡老屋，后院的绿草地是令人怀念的童年乐园，胡同的叫卖声仍萦绕耳畔……

诗文藏着童趣，故乡载着童年。阅读本组文章，你一定会被作者笔下桩桩童年趣事、缕缕思乡之情所感动。请认真体会作者的内心感受。

1 燕九竹枝词（其七）

［清］孔尚任

结伴儿童裤(kù)褶①红，
手提线索骂天公：
人人夸你春来早，
欠我风筝五丈风。

借“骂天公”一事，表现儿童天真可爱、自由自在、急于玩耍的顽皮形象。

注释

① 袴褶：泛指衣服。袴，同“裤”，裤子。褶，夹衣。

燕九节到了，穿着红色衣服的儿童结伴郊游，手里牵着风筝线骂天公：人人都夸你让春天来得早，可是你欠我放风筝的五丈风。

② 后院的绿草地

陈丹燕

小时候最爱的，是后院一块狭长的绿草地。后院的树很高，由于在大楼背面的关系，后院很少有人走，以至方格子的小路上，长了真正的野草和车前子。

> 作者开门见山，直接抒发自己对绿草地的喜爱之情，一下子就能吸引读者读下去。

沿着那条非常绿的狭长草地走，旁边是一楼人家的厨房窗，敞开的厨房窗里，散发出非常好闻的煮肘子的气味，以及将新鲜蔬菜和新鲜水果切开以后发出的气味。从窗外看那些洗干净挂在墙上的锅和捞面条的白铁勺，感觉很亲切。小时候喜欢一个人独自玩，因为大家一块玩的许多游戏，我都玩不过别人。总的来说，我是个笨拙的女孩，但别人过分不满意我，我会感到难过，也就是为了维护自己的自尊心，渐渐就养成了自己玩的习惯。自己玩的时候，心是很安静的。

那条狭长的草地上，在初夏的时候开满了极小的紫花，还有小小的雏菊。野草在阳光里，绿得非常的纯粹。在草的下面，常常能发现别人丢掉的东西，一个空药瓶，一张被阳光晒黄的旧报纸，最有趣的是撕碎的照片。黑白的照片，小碎片上，也许是半张微笑的脸，也许是许多被阳光照耀的美丽的树叶子。照片上能看到平时在大院子里严肃地昂然而过的女人，对着我犹豫并且害羞地笑。我小时候，是在那些草里的碎照片上，发现人人都有秘密，秘密并非可怕，也许是美好的。

草里的狗尾草是最漂亮的，又朴素，又美，可惜叫狗尾草，在太阳里，狗尾草很抒情。

草地上有很窄的一块天空。初夏的时候，家家朝后院的北窗都打开了，窗里边的白漆，在阳光下面变得非常白。后院充满了看不见的家居气氛，有食品的气味，炝油锅的气味，房间家具的气味，挂久了的窗帘气味，还有浴间潮湿的有肥皂香味的空气。这就是家，真的家，比起楼前的音乐声，妈妈叫小孩吃饭的声音以及站在阳台上散心的大人，更加接近真实。

真实的生活使人感到定心。

小孩不常去的后院，是小时候我的乐园。我想乐园不是狂欢的意思，而是使人定心。

草地里常常能发现一分钱、二分钱的硬币，大概是洗衣服的人不小心连同洗湿的纸一同扔掉的。小时候虽然瘦，但极馋，家里管得严，不给零花钱，也不让吃水果糖以外的任何零食。但被家里认为不干净的话梅啦，陈皮条啦，对小女孩来说，有不可抗拒的吸引力。所以，如果在草里拾到零钱，那天就是盛大的节日。马上就把钱紧紧捏在手里，到拐弯小店去买东西吃。卖东西的老头从玻璃瓶里数出三根陈皮条，收去一分钱。陈皮条又酸又咸，很好吃。想起来，也有不愉快的经历，有时我兴冲冲举着钱去买零食，却不小心让钱滚到下水道里，心里很痛，但面上却若无其事，自小就是这样不敢叫痛的糟脾气！不坦率。

关于草地的故事结束了，太阳光里的狗尾草、被撕碎了的神秘照片、旧窗帘的气味以及又酸又咸的陈皮条统统留在记忆里。长大了，就是童年的句号。

③ 在胡同里长大

林海音

欣赏喜乐[①]的六十多幅画北平的彩色图片，一面细读这一篇篇有趣的散文，也就一阵阵勾起我的第二故乡之思。尤其在这些画片中，很多是画到胡同风光的，使我这自小在“胡同”里长大的人，不由得看着看着图片，就回到椿树上二条、新帘子胡同、西交民巷、梁家园、南柳巷和永光寺街这些我住过的胡同里去——在北平的二十六年里，从五岁到三十一岁，我只住过两次大街，那就是虎坊桥大街和南长街。在北平一年四季的生活，在胡同里穿出穿进的，何止是“春天的胡同”（喜乐给小民画插图的书名）。北平是个四季分明的地方，不像台湾这样四季常绿，记得我的母亲生前曾讲她第一次到北平的笑话，到北平去时是二月，树还没发芽，都是干树枝子，我的母亲竟土里土气地说：“怎么北平的树都死光啦！”

---

① 喜乐：画家，作品有《喜乐画北平》等。北平，北京的旧称。

在干树枝上，可以很清楚地看见鸟巢，或者下大雪的日子，满树银白，一碰，雪花抖落下来，冰凉的掉在你的后脖里，小孩子都会又惊奇又高兴地缩着脖子吱吱叫。

冬夜的胡同里，可以听见几种叫卖声，卖半空儿花生的，卖萝卜赛梨的，卖炸豆腐开锅的。开门出去，买个叫作“心里美”的萝卜，在一盏小灯下，看卖萝卜的挑出一个绿皮红瓤的，听他用小刀劈开萝卜的清脆声，就让你满心高兴。北平俗话说：“吃萝卜就热茶，气得大夫满街爬！”在一炉红火上，开水壶冒气嗡嗡地响了，吃着半空儿花生或萝卜，喝着热茶，外面也许是北风怒吼，屋里却是和谐温暖，这种情况，北平老乡都曾经历过、体验过。

抓住细节，把劈萝卜的动作、吃萝卜时的感受描写得形象而具体，读来让人如临其境，难以忘怀。

夏日的胡同，最记得黄昏时光，太阳落山热气散了，孩子们放学回家。有时放了学的哥姊，要照顾小弟弟小妹妹，就大大小小的推开街门到胡同里玩。黄昏里的胡同风光，我记忆最深刻的是卖晚香玉的。把晚香玉穿成一个个花篮，再配上几朵小红花，挂在一根竹竿上，串胡同叫卖。买花的多是家庭妇女，买一只晚香玉花篮，挂在卧室里，满室生香。最使孩子们兴奋的，是“唱话匣子的”过来了，他背负着一个大喇叭，提着胜利牌俗名“话匣子”的手摇留声机，那时有几家有自备唱机的呢，所以这种租听留声机的行业，就盛行于我的幼年。唱片中，以平剧[①]、地方戏为多，开头说着“高亭公司特请梅兰芳老板唱《贵妃醉酒》”等语。兼也有歌曲，但最教人兴奋的，是他送听一曲“洋人大笑”的唱片。那张唱片，从头到尾是洋人大笑，哈哈哈，嘻嘻嘻，呵呵呵，各种笑声，听的人当然也跟着大笑。这张唱片，相信许多人都听过。

胡同里虽然时有叫卖声，但是一点儿也不吵人，而且北平的叫卖声，各有其抑扬顿挫，现在回想起来，非常好听。比如夏日卖甜瓜的过来了，他撂下挑子，站在那儿，准备好了，就仰起头来，一手自耳朵后捂着，音乐般地喊着：“哎——卖哎好吃的哎——苹果青的脆甜瓜咧——”他为什么半捂着耳朵？是为了当喊出去的时候，也可以收听自己的叫喊声是否够味儿吧！上午在胡同里出现的，有卖菜的、卖花的、换绿盆儿的、换取灯儿的、送水的、倒土的、掏茅房的……都是每天胡同生活的情景。

---

① 平剧：即现在的京剧。

说起“换取灯儿的”，使我回忆起那些背着篓筐、举步蹒跚的老妇人。她们是每天可以在胡同里看见、听见的人物之一。冬日里，她们头上戴着一个绒布或绒线帽子，手上套着露出手指的手套，来到胡同，就高喊着：“换洋取灯儿咧！换榧(fěi)勒子儿啊！”

“取灯儿”就是火柴，“洋取灯儿”还是火柴，只因这玩意儿的形式是外来的，所以后来加个“洋”字。那时的洋取灯儿，多为红头儿的丹凤牌，盒外贴着砂纸，一擦就迸出火星。“榧子儿”（“勒”是我加诸形容她的叫卖声）是像桂圆核一样的一种植物的实，砸碎它泡在水里，浸出黏液，凝滞如胶，是旧时妇女梳好头后搽抹的，也就是今日妇女做发后的“喷发胶”。而榧子儿液，反而不像今日发胶是有毒的化学制品，浸入头皮里有危险。无论你家搬到哪条胡同，都会有不同的“换取灯儿的”妇人，穿梭于胡同里。

“换取灯儿的”老妇人，大概只有一个命运最好的。很小就听说，那就是“四大名旦”之一尚小云的母亲，是“换取灯儿的”出身。有一年，尚小云的母亲死了，出殡时沿途有许多人看热闹，我们住在附近（当时我家住在南柳巷），得见这位老妇人的死后哀荣。在舞台上婀娜多姿的尚小云，重孝服上是一个连片胡子脸（旧时孝子在居丧六十天里不能刮胡子）。胡同里的人都指点着说，那是一个怎样的孝子，并且说死者是一个怎样出身的有后福的老太太。

在三十年代小说里，也有一篇描写一个“换取灯儿的”妇人的恋爱故事，那就是许地山（落华生）所写的短篇小说《春桃》，是我记忆深刻，而且非常欣赏的小说，它感人至深。主角春桃是一个很可爱的不识字的旧女子。《春桃》一开头儿，就描写的是北平的胡同景色：

> 这年的夏天分外地热。街上的灯虽然亮了，胡同口那卖酸梅汤的还像唱梨花鼓的姑娘耍着他的铜碗。一个背着一大篓字纸的妇人从他面前走过，在破草帽底下虽看不清她的脸，当她与卖酸梅汤的打招呼时，却可以理会她有满口雪白的牙齿。她背上担负得很重，甚至不能把腰挺直，只如骆驼一样，庄严地一步一步踱到自己门口。

再说到北平的交通工具，穿梭于大街上、胡同里的，也多是洋车；洋车就是人力车，这个“洋”是代表东洋日本，因为它最早是从日本传入的。洋车在胡同出入，不会碰到在胡同玩耍的孩子，跑得慢嘛！北平因为是方方正正的城，如果偶有斜巷，就会取名斜街，如杨梅竹斜街、王广福斜街、东斜街、西斜街、上斜街、下斜街、白米斜街……所以拉洋车的如果要转弯，就叫：“东去！”“西去！”而不是像现在所说：“左转！”“右转！”要下车叫停，也是吩咐“路南到了”“路北下车”等语。

喜乐所画的胡同风光，是画的典型的当年北平胡同和谐生活的真实情景。胡同里不管是大宅门儿、小住家儿，生活得都很安静，因为北平人的生活，步调一向不快。胡同里的宅墙，该修该补该见新的，也都年年做，所以虽属小门户，在胡同里看下去，也是整整齐齐的。

1985 年 5 月

阅读链接

北京胡同最早起源于元代，大小胡同星罗棋布，大约有六七千条。俗语有云：“著名的胡同三千六，没名的胡同赛牛毛。”北京胡同历经了数百年的风雨沧桑，每条胡同都有一段故事传说。胡同是北京古老文化的体现。现如今，国家非常重视北京胡同文化的发展传播，在一些保护较好的胡同中开辟了游览专线，旅游者可乘坐旧式三轮车游览胡同，还可到住在胡同里的百姓家做客。

④ 忆儿时

丰子恺

一

我回忆儿时，有三件不能忘却的事。

第一件是养蚕。那是我五六岁时、我祖母在日的事。我祖母是一个豪爽而善于享乐的人，良辰佳节不肯轻轻放过。养蚕也每年大规模地举行。其实，我长大后才晓得，祖母的养蚕并非专为图利，叶贵的年头常要蚀本，然而她喜欢这暮春的点缀，故每年大规模地举行。我所喜欢的，最初是蚕落地铺。那时我们的三开间的厅上、地上统是蚕，架着经纬的跳板，以便通行及饲叶。蒋五伯挑了担到地里去采叶，我与诸姐跟了去，去吃桑葚。蚕落地铺的时候，桑葚已很紫而甜了，比杨梅好吃得多。我们吃饱之后，又用一张大叶做一只碗，采了一碗桑葚，跟了蒋五伯回来。蒋五伯饲蚕，我就以走跳板为戏乐，常常失足翻落地铺里，压死许多蚕宝宝，祖母忙喊蒋五伯抱我起来，不许我再走。然而这满屋的跳板，像棋盘街一样，又很低，走起来一点也不怕，真是有趣。这真是一年一度的难得的乐事！所以虽然祖母禁止，我总是每天要去走。

蚕上山之后，全家静默守护，那时不许小孩子们噪了，我暂时感到沉闷。然而过了几天，采茧，做丝，热闹的空气又浓起来了。我们每年照例请牛桥头七娘娘来做丝。蒋五伯每天买枇杷和软糕来给采茧、做丝、烧火的人吃。大家认为现在是辛苦而有希望的时候，应该享受这点心，都不客气地取食。我也无功受禄地天天吃多量的枇杷与软糕，这又是乐事。

七娘娘做丝休息的时候，捧了水烟筒，伸出她左手上的短少半段的小指给我看，对我说：做丝的时候，丝车后面，是万万不可走近去的。她的小指，便是小时候不留心被丝车轴棒轧脱的。她又说："小囝(jiǎn)囝不可走近丝车后面去，只管坐在我身旁，吃枇杷，吃软糕。还有做丝做出来的蚕蛹，叫妈妈油炒一炒，真好吃哩！"然而我始终不要吃蚕蛹，大概是我爸爸和诸姐都不要吃的缘故。我所乐的，只是那时候家里的非常的空气。日常固定不动的堂窗、长台、八仙椅子，都收拾去，而变成不常见的丝车、匾、缸。又不断地公然地可以吃小食。

丝做好后，蒋五伯口中唱着"要吃枇杷，来年蚕罢"，收拾丝车，恢复一切陈设。我感到一种兴尽的寂寥。然而对于这种变换，倒也觉得新奇而有趣。

现在我回忆这儿时的事，常常使我神往！祖母、蒋五伯、七娘娘和诸姐都像童话里、戏剧里的人物了。且在我看来，他们当时这剧的主人公便是我。何等甜美的回忆！只是这剧的题材，现在我仔细想想觉得不好：养蚕做丝，在生计上原是幸福的，然其本身是数万的生灵的杀虐！《西青散记》里面有两句仙人的诗句："自织藕丝衫子嫩，可怜辛苦赦春蚕。"安得人间也发明织藕丝的丝车，而尽赦天下的春蚕的性命！

我七岁上祖母死了，我家不复养蚕。不久父亲与诸姐弟相继死亡，家道衰落了，我的幸福的儿时也过去了。因此这回忆一面使我永远神往，一面又使我永远忏悔。

二

第二件不能忘却的事，是父亲的中秋赏月，而赏月之乐的中心，在于吃蟹。

我的父亲中了举人之后，科举就废，他无事在家，每天吃酒，看书。他不要吃羊、牛、猪肉，而喜欢吃鱼、虾之类。而对于蟹，尤其喜欢。自七八月起直到冬天，父亲平日的晚酌规定吃一只蟹，一碗隔壁豆腐店里买来的开锅热豆腐干。他的晚酌，时间总在黄昏。八仙桌上一盏洋油灯，一把紫砂酒壶，一只盛热豆腐干的碎瓷盖碗，一把水烟筒，一本书，桌子角上一只端坐的老猫，我脑中这印象非常深刻，到现在还可以清楚地浮现出来。我在旁边看，有时他给我一只蟹脚或半块豆腐干。然我喜欢蟹脚。蟹的味道真好，我们五个姊妹兄弟，都喜欢吃，也是为了父亲喜欢吃的缘故。只有母亲与我们相反，喜欢吃肉，而不喜欢又不会吃蟹，吃的时候常常被蟹螯(áo)上的刺刺开手指，出血；而且抉剔(tī)得很不干净，父亲常常说她是外行。父亲说：吃蟹是风雅的事，吃法也要内行才懂得。先折蟹脚，后开蟹斗……脚上的拳头（即关节）里的肉怎样可以吃干净，脐里的肉怎样可以剔出……脚爪可以当作剔肉的针……蟹螯上的骨头可以拼成一只很好看的蝴蝶……父亲吃蟹真是内行，吃得非常干净。所以陈妈妈说：“老爷吃下来的蟹壳，真是蟹壳。”

蟹的储藏所，就在天井角落里的缸里，经常总养着十来只。到了七夕、七月半、中秋、重阳等节候上，缸里的蟹就满了，那时我们都有得吃，而且每人得吃一大只，或一只半。尤其是中秋一天，兴致更浓。在深黄昏，移桌子到隔壁的白场[①]上的月光下面去吃。更深人静，明月底下只有我们一家的人，恰好围成一桌，此外只有一个供差使的红英坐在旁边。大家谈笑，看月亮，他们——父亲和诸姐——直到月落时光，我则半途睡去，与父亲和诸姐不分而散。

这原是为了父亲嗜蟹，以吃蟹为中心而举行的。故这种夜宴，不仅限于中秋，有蟹的季节里的月夜，无端也要举行数次。不过不是良辰佳节，我们少吃一点，有时两人分吃一只。我们都学父亲，剥得很精细，剥出来的肉不是立刻吃的，都积受在蟹斗里，剥完之后，放一点姜醋，拌一拌，就作为下饭的菜，此外没有别的菜了。因为父亲吃菜是很省的，而且他说蟹是至味，吃蟹时混吃别的菜肴，是乏味的。我们也学他，半蟹斗的蟹肉，过两碗饭还有余，就可得父亲的称赞，又可以白口吃下余多的蟹肉，所以大家都勉力节省。现在回想那时候，半条蟹腿肉要过两大口饭，这滋味真好！自父亲死了以后，我不曾再尝这种好滋味。现在，我已经自己做父亲，况且已经茹素，当然永远不会再尝这滋味了。唉！儿时欢乐，何等使我神往！

然而这一剧的题材，仍是生灵的杀虐！因此这回忆一面使我永远神往，一面又使我永远忏悔。

---

①白场：作者家乡话，意即场地。

三

第三件不能忘却的事，是与隔壁豆腐店里的王囡(nān)囡的交游，而这交游的中心，在于钓鱼。

那是我十二三岁时的事，隔壁豆腐店里的王囡囡是当时我的小伴侣中的大阿哥。他是独子，他的母亲、祖母和大伯，都很疼爱他，给他很多的钱和玩具，而且每天放任他在外游玩。他家与我家贴邻而居。我家的人们每天赴市，必须经过他家的豆腐店的门口，两家的人们朝夕相见，互相来往。小孩们也朝夕相见，互相来往。此外他家对于我家似乎还有一种邻人以上的深切的交谊，故他家的人对于我特别要好，他的祖母常常拿自产的豆腐干、豆腐衣等来送给我父亲下酒。同时在小侣伴中，王囡囡也特别和我要好。他的年纪比我大，气力比我好，生活比我丰富，我们一道游玩的时候，他时时引导我，照顾我，犹似长兄对于幼弟。我们有时就在我家的染坊店里的榻上玩耍，有时相偕出游。他的祖母每次看见我俩一同玩耍，必叮嘱囡囡好好看待我，勿要相骂。我听人说，他家似乎曾经患难，而我父亲曾经帮他们忙，所以他家大人们吩咐王囡囡照应我。

我起初不会钓鱼，是王囡囡教我的。他叫他大伯买两副钓竿，一副送我，一副他自己用。他到米桶里去捉许多米虫，浸在盛水的罐头里，领了我到木场桥头去钓鱼。他教给我看，先捉起一个米虫来，把钓钩由虫尾穿进，直穿到头部，然后放下水去。他又说：“浮珠一动，你要立刻拉，那么钩子钩住鱼的腭(è)，鱼就逃不脱。”我照他所教的试验，果然第一天钓了十几头白鲦，然而都是他帮我拉钓竿的。

第二天，他手里拿了半罐头扑杀的苍蝇，又来约我去钓鱼。途中他对我说：“不一定是米虫，用苍蝇钓鱼更好。鱼喜欢吃苍蝇！”这一天我们钓了一小桶各种的鱼。回家的时候，他把鱼桶送到我家里，说他不要。我母亲就叫红英去煎一煎，给我下晚饭。

自此以后，我只管欢喜钓鱼。不一定要王囡囡陪去，自己一人也去钓，又学得了掘蚯蚓来钓鱼的方法。而且钓来的鱼，不仅够自己下晚饭，还可送给店里的人吃，或给猫吃。我记得这时候我的热心钓鱼，不仅出于游戏欲，又有几分功利的兴味在内。有三四个夏季，我热心于钓鱼，给母亲省了不少的菜蔬钱。

后来我长大了，赴他乡入学，不复有钓鱼的工夫。但在书中常常读到赞咏钓鱼的文句，例如什么“独钓寒江雪”，什么“渔樵度此身”，才知道钓鱼原来是很风雅的事。后来又晓得有所谓“游钓之地”的美名称，是形容人的故乡的。我大受其煽惑，为之大发牢骚：我想“钓鱼确是雅的，我的故乡，确是我的游钓之地，确是可怀的故乡”。但是现在想想，不幸而这题材也是生灵的杀虐！

我的黄金时代很短，可怀念的又只有这三件事。不幸而都是杀生取乐，都使我永远忏悔。

作者在三个故事后面都写到自己的忏悔心情，既相互呼应，又一脉相承。作者为何忏悔呢？请联系上下文谈谈自己的理解。

阅读链接

丰子恺（1898—1975），原名丰润。中国著名书画家、文学家、美术和音乐教育家。丰子恺在漫画、书法、翻译等方面均有突出成就，先后出版的书法和绘画作品集、散文著作、美术理论和音乐理论著作达160部以上。

5 我家养鸡

韩少功

我上小学后不久，正碰上困难时期，到处都在议论粮食短缺的问题。不时听说有些人饿死了，有些人被饥饿所逼而逃荒他乡，更多的人被饿出水肿病——父亲就患了这种病。他脸色苍白，全身浮肿，用指头在他的肌肤上戳一下，戳出的一个小小肉窝，久久不能恢复原状。

街上什么东西都贵得吓人，而且没有什么吃的可买。出现了很多乞丐，三五成群的。更可怕的是一些劫犯，专抢吃的东西。有次我看见一个工人模样的人刚走出店门，手中一只热腾腾的馒头就被一个小劫犯呼的一下抢去了。工人模样的人马上追过去，揪住那人的头发便打，大哭大喊。但任凭他怎么打，劫犯既不还手也不闪避，只是缩着脑袋大口吞吃，一晃眼就把那只馒头吃得干干净净。

口粮标准一再减低。政府提倡用瓜菜来代替米粮。但那时候瓜菜也很难买到了。早上去买菜，得带上一种购菜卡，根据卡上的购菜限量标准，每人可买上二两或四两。

很多小学生也挤在菜店前的长长队伍里，伸长颈脖对那些售货员大喊：“爷爷——”“奶奶——”“大姑姑——”……他们竞相讨好售货员，无非是为了在买菜时能多得到一个小萝卜或一根小苋(xiàn)菜。

父母想尽了办法来让我们姊妹四个不至于饿倒。有一次，父亲弄回了很多红薯藤，说要在红薯藤里提取淀粉。我们挑了一根藤，咔嚓一折，藤的断口上果然渗出星星点点的白色浆水，使我们欣喜异常。可是我们将这些红薯藤放到锅里煮熬了好半天，仍然只得到半锅黑黑的水，又苦又涩，半点儿能塞塞肚子的固体物质也找不着。

家里吃饭也开始计划配给。每天早上，母亲给我们几个孩子每人切下一块细糠饼，将细糠饼的大小厚薄仔细比较，怕分配得不公平。到中午，则把半锅饭搅得泡泡松松的，往桌上每只碗里装上一勺，就不可能再多了。我是最小的孩子，我的碗也是最小的。每次我都眼勾勾地盯着哥哥姐姐的大碗，觉得母亲对他们偏心，让他们吃得多。其实后来我也慢慢看出来了，哥哥和姐姐也都眼勾勾地盯着我的碗，在羡慕嫉妒我碗里的丰满。

出于对父母的畏怯，我们都不敢争吵，默默地咽下一丝口水，然后默默地离开饭桌上学去。

有一天，母亲从乡下探亲归来了，带回半布袋蚕豆，还带回了大小四只鸡！此起彼伏的鸡叫声带给了我们很多欢乐和想象。我想象以后鸡能生很多蛋，而那些蛋又能变成小鸡，小鸡长大以后又能生蛋。

给鸡找食的任务当然交给了孩子。每天放学以后，我回家第一件事就是去看鸡，有时还带回几个同学，让他们也能来逗逗鸡，见识这些颇为珍奇的小动物，共享我的幸福。然后，我就提着小竹篮出去挖蚯蚓，或是网捕飞虫，或是在路边捡烂菜叶。为了找到足够的鸡食，我得走很远很远，天黑时分才能回家。

哥哥姐姐比我忙，正准备考初中或考高中。他们常常为了赶作业而不能陪我出去找鸡食。碰到这种情况，我就生出几分不满，觉得他们对鸡无情无义。

更可恼的是，他们俨然已是半个大人了，经常附和着父母，用大人的腔调来提供杀鸡理由。他们说，鸡不是人，养大就是让人吃，就要杀。他们议论着应该杀那只黑的，然后再吃那只白的……这种议论总引起我一场大吵大闹大哭。

不准杀鸡！——我吼得天昏地暗。

尽管一次次抗争，鸡还是一只只少了，最后，只剩下一只生蛋最多的黄毛母鸡。这只鸡孤零零的，在小院子里踱来踱去，哪儿也找不到它的朋友。直到放学时分，才有我来给它喂食，对它说话，把它抚摸。它对别人似乎都有些畏惧，见人就惊慌地躲避，但对我十分亲热温顺，似乎已熟悉我。我压它低头，它就久久地低头；我压它蹲伏，它就久久地蹲伏，非常听话。它的眼睛老投注于我，好像看我还有什么吩咐。有时候发出低声的“咕咕咕”，似感激，似撒娇，又似不安地诉求什么。

为了让它多生蛋，父亲以前在分饭时，总在锅里剩一口留给它，让它吃点精粮。后来，全家饿慌了，父亲就说：“人还吃不饱，还管得上它？”于是就把它那一份口粮取消了。我觉得不忍心，每餐饭都在自己碗里留一口，去小院里拨给它。

父亲说：“你自己也没吃够，不要留给它了。”

我一声不吭端着饭碗走开去。

父亲叹口气：“这孩子……”

最揪心的事情终于发生了。最后一只鸡也不生蛋了。那几天父母好像在悄悄议论什么，我一跑过去听，他们又不说了。我还是提心吊胆，成天警惕着大人们的一举一动，看是否有杀鸡的迹象。如果有，我一定要拼命大闹一场的。

父亲肯定看出了这一点，一会儿安慰我，说不会杀鸡的；一会儿又说服我，说出很多人比鸡重要的道理……这些使我的心情越来越乱，也越来越沉重。

我放学回来，见小院子里空荡荡的，只剩下那个沾满糠粉的鸡食盆，而厨房里飘来一丝鸡肉的香味。我明白了。我知道我无能为力。我再也忍不住，跑到房里扑倒在床上，伤心地大哭起来……

几块鸡肉被夹到了我的碗里，是母亲特意留给我的。一餐又一餐，它被热了一次又一次，但我还是没有去碰它。

母亲特意把鸡肉留给“我”吃，“我”却没有去碰它，可见心里是多么难过。

1987 年 1 月

6 愁乡石

张晓风

到“鹅库玛”度假去的那一天，海水蓝得很特别。

每次看到海，总有一种瘫痪的感觉，尤其是看到这种碧入波心的、急速涨潮的海。这种向正前方望去直对着上海的海。

“只有四百五十海里。”他们说。

我不知道四百五十海里有多远，也许比银河还迢遥吧？每次想到上海，总觉得像历史上的镐（hào）京或是洛邑那么幽渺，那样让人牵起一种又凄凉又悲怆（chuàng）的心境。我们面海而立，在浪花与浪花之间追想多柳的长安与多荷的金陵，我的乡愁遂变得又剧烈又模糊。

可惜那一片江山，每年春来时，全交付给了千林鶗鴂（tí jué）。

明孝陵的松涛在海浪中来回穿梭，那种声音、那种色泽，恍惚间竟有那么相像。记忆里那一片乱映的苍绿已经好虚幻好缥缈（piāo miǎo）了，但不知为什么，老忍不住要用一种固执的热情去思念它。

有两三个人影徘徊在柔软的沙滩上，捡着五彩的贝壳。那些炫人的小东西像繁花一样地开在白沙滩上，给发现的人一种难言的惊喜。而我站在那里，无法让悲激的心怀去适应一地的色彩。

蓦然间，沁凉的浪打在我的脚上，我没有料到那一下冲撞竟有那么裂人心魄。想着海水所来的方向，想着上海某个不知名的滩头，我便有一种嚎哭的冲动。而哪里是我们可以恸（tòng）哭的秦庭？哪里是申包胥[①]可以流七日泪水的地方？此处是异国，异国寂凉的海滩。

他们叫这一片海为中国海，世上再没有另一个海有这样美丽沉郁的名字了。小时候曾经多么神往于爱琴海，多么迷醉于想象中那抹灿烂的晚霞，而现在，在这个无奈的多风的下午，我只剩下一个爱情，爱我自己国家的名字，爱这个蓝得近乎哀愁的中国海。

而一个中国人站在中国海的沙滩上遥望中国，这是一个怎样咸涩的下午！

遂想起那些在金门的日子，想起在马山看对岸的角屿，在湖井头看对岸的何厝（cuò）。望着那一带山峦，望着那块曾使

① 申包胥：春秋时楚国大夫。他为请秦王发兵救楚，在秦庭痛哭七昼夜，终于感动秦王，发兵救楚。

东方人骄傲了几千年的故土，心灵便脆薄得不堪一声海涛。那时候忍不住想到自己为什么不是一只候鸟，犹记得在每个江南草长的春天回到旧日的梁前，又恨自己不是鱼，可以绕着故土的沙滩岩岸而流泪。

海水在远处澎湃，海水在近处澎湃，海水徒然地冲刷着这个古老民族的深憾。

我木然地坐在许多石块之间，那些灰色的，轮流着被海水和阳光煎熬的小圆石。

那些岛上的人很幸福地过着他们的日子，他们在历史上从来不曾辉煌过，所以他们不必痛心。他们没有骄傲过，所以无须悲哀。他们那样坦然地说着日本话，给小孩起日本名字，在国民学校的旗杆上竖着别人的太阳旗，他们那样怡然地顶着东西、唱着歌，走在美国人为他们铺的柏油路上。

他们有他们的快乐。那种快乐是我们永远不会有也不屑有的。我们所有的只是超载的乡愁，只是世家子弟的那份茕（qióng）独。

海浪冲逼而来，在阳光下亮着残忍的光芒。海雨天风，在在不放过旅人的悲思。我们向哪里去躲避？我们向哪里去遗忘？

小圆石在不绝的浪涛中颠簸着，灰白的色调让人想起流浪者的霜鬓。我捡了几个，握在手心里，我的臂膀遂有着十分沉重的感觉。

忽然间，就那样不可避免地忆起了雨花台，忆起那闪亮了我整个童年的璀璨景象。那时候，那些彩色的小石曾怎样地令我迷惑。有阳光的假日，满山的捡石者挑剔地品评着每一块小石子。那段日子为什么那么短呢？那时候我们为什么不能预见自己的命运？在去国离乡的岁月里，我们的箱箧（qiè）里没有一撮故居的泥土，更不能想象一块雨花台石子的奢侈了。

灰色的小圆石一共是七块，它们停留在海滩上想必已经很久了，每一次海浪的冲撞便使它们更浑圆一些。

雕琢它们的是中国海的浪花，是来自上海的潮汐，日日夜夜，它们听着遥远的消息。

把七颗小石转动着，它们便发出琅然的声音，那声音里有着一种神秘的回响，呢喃着这个世纪最大的悲剧。

“你捡的就是这个？”

游伴们从远远近近的沙滩上走了回来，展示着他们色彩缤纷的贝壳。

而我什么也没有，除了那七颗黯淡的灰色石子。

“可是，我爱它们。”我独自走开去，把那七颗小石压在胸口上，直压到我疼痛得淌出眼泪来。在流浪的岁月里，我们一无所有，而今，我却有了它们。我们的命运多少有些类似，我们都生活在岛上，都曾日夜凝望着一个方向。

“愁乡石！”我说，我知道这必是它的名字，它绝不会再有其他的名字。

我慢慢地走回去，鹅库玛的海水在我背后蓝得叫人崩溃，我一步一步艰难地摆脱它。而手绢里的愁乡石响着，响久违的乡音。

无端地，无端地，又想起姜白石，想起他的那首《八归》。

最可惜那一片江山，每年春来时，全交付给了千林鶗鴂。

愁乡石响着，响一片久违的乡音。

后记：鹅库玛系冲绳岛极北端之海滩，多有异石悲风。余今秋（注：时为 1967 年）曾往一游，去国十八年。虽望乡亦情怯矣。是日徘徊低吟，黯然久之。

7 系在风筝线上的童年

周岩壁

大地泛出的“淡淡的鹅黄的绿意”，显出生机和活力，而“我”的童年生活也充满着趣味和快乐。

时令正是仲春。大地挣脱了冬的纠缠，不觉之中已经泛出几分淡淡的鹅黄的绿意。仰望晴空，偶见数点风筝，袅袅娜娜地飘挂天际，使我蓦然忆起“草长莺飞二月天，拂堤杨柳醉春烟”，正是放风筝的好时光。瞩望那长长的轻轻抖动的风筝线，竟丝丝缕缕牵出了我的童年。

在乡下，三月的剪剪轻风还残留着冬的料峭。我们这些颠跑在蓊(wěng)郁麦田里的孩子，摔打惯了，是不知道什么叫作冷的。何况又常把嬉笑系在风筝线上，即便有些寒意，也早被如火的童心融化掉，让野气的笑声赶跑了。

人们都说：男孩子手笨，女孩子手巧。可是，不是吹，我们男孩子虽未能绣出花团锦簇的衣冠，却从手中飞出过巧夺天工的风筝！常常趁放学之后的间隙，三五个凑在一处无人知晓的角隅，或干脆跑到野外去，因为家里的大人是不让我们摆弄风筝的。

我们偷偷找来竹篾，要那种绿皮的，有韧性的，犹如女孩子绣花挑线一般仔细。把竹篾放到火堆上烤了，再弯成弓似的和轱辘似的几何形状，拼在一起，悉心用细绳子细线系好，就变成了形态各异的风筝骨架。然后，几颗小脑袋抵在一处，叽叽喳喳商量一阵，就各出心裁地用彩笔在糊好的桑皮纸上勾勒一通，便给它们穿上了斑斓的衣衫，完全可以与女孩子织成的锦绣相媲美。然后用大团大团的线做放线，一头儿系在风筝上，一头儿缠在一个线拐子上。这些线来得可不容易呢，是我们这些“男子汉”低三下四、求爷爷告奶奶，甚至向小姑娘一连串喊上十声“好姐姐”才弄到手的。

好了！抬起你因做风筝而勾得酸了的头，开始放吧。嗬！风筝！全是风筝！这些大大小小造型生动的风筝，从辽阔的麦田里，迤逦的大道旁，潋滟的堤塘边冉冉升起——被底下幼稚的欢声笑语吹着，被腾腾的热气捧着，悠悠飞向空中，去亲吻白云。好似争艳的奇葩、挂彩的气球。我们的心醉了。

更叫绝的要数晚上。皓月高悬中天，大地一片静谧(mì)。

夜色朦胧。我们几个小伙伴偷偷溜出来一叽咕，便带了心爱的风筝到村头田边——但不去有坟茔(yíng)的地方，虽说不怕，可终究有些煞风景。风筝纸涂了闪金光的东西，还要想法把一段蜡头或一捻蘸了油的棉絮系在尾巴上，放飞时一点燃，便像飞机尾翼上的信号灯一样闪烁。这通常极难放。因野外有风，蜡烛又不顶风，所以总是熄灭。但是偶有成功的时候，那风筝放起来就别有情趣，“信号灯”明灭闪烁，随风筝飘飘洒洒，也把一颗颗童心送上神秘的高空，如醉如痴。

风筝也有赌气的时候。有时候明明飞起来了，却偏偏任你如何摆布，它总要往地上栽。这时的小伙伴们绝不会像张飞似的环眼圆睁，一脚踏翻它的。大家总是小心翼翼地检查一番，找出毛病，对症下药。随着欢呼声，风筝重又飘然升起。放到得意处，猛不防风筝也会断线，摇头晃脑地越飘越远。我们拉着断了的风筝线，不胜惋惜……

韶光如流。虽说童年已经悄然离去，可风筝的这根若有若无的线，却每每牵着我的童年，使我常常捡回那逐渐远去的记忆。

啊，我的鹅黄色的童年！

8 咸菜慈姑汤[①]

汪曾祺

一到下雪天，我们家就喝咸菜汤，不知是什么道理。是因为雪天买不到青菜？那也不见得。除非大雪三日，卖菜的出不了门，否则他们总还会上市卖菜的。这大概只是一种习惯。一早起来，看见飘雪花了，我就知道：今天中午是咸菜汤！

咸菜是青菜腌的。我们那里过去不种白菜，偶有卖的，叫作“黄芽菜”，是外地运去的，很名贵。一盘黄芽菜炒肉丝，是上等菜。平常吃的，都是青菜，青菜似油菜，但高大得多。入秋，腌菜，这时青菜正肥。把青菜成担地买来，洗净，晾去水汽，下缸。一层菜，一层盐，码实，即成。随吃随取，可以一直吃到第二年春天。

腌了四五天的新咸菜很好吃，不咸，细、嫩、脆、甜，难可比拟。

咸菜汤是咸菜切碎了煮成的。到了下雪的天气，咸菜

① 本文选自汪曾祺的《故乡的食物》。

已经腌得很咸了，而且已经发酸。咸菜汤的颜色是暗绿的。没有吃惯的人，是不容易引起食欲的。

咸菜汤里有时加了慈姑片，那就是咸菜慈姑汤。或者叫慈姑咸菜汤，都可以。

我小时候对慈姑实在没有好感。这东西有一种苦味。民国二十年（1931 年），我们家乡闹大水，各种作物减产，只有慈姑却丰收。那一年我吃了很多慈姑，而且是不去慈姑的嘴子的，真难吃。

我十九岁离乡，辗转漂流，三四十年没有吃到慈姑，并不想。

前好几年，春节后数日，我到沈从文老师家去拜年，他留我吃饭，师母张兆和炒了一盘慈姑肉片。沈先生吃了两片慈姑，说："这个好！'格'比土豆高。"我承认他这话。吃菜讲究"格"的高低，这种语言正是沈老师的语言。他是对什么事物都讲"格"的，包括对于慈姑、土豆。

因为久违，我对慈姑有了感情。前几年，北京的菜市场在春节前后有卖慈姑的。我见到，必要买一点回来加肉炒了。家里人都不怎么爱吃。所有的慈姑，都由我一个人"包圆儿"了。

北方人不识慈姑。我买慈姑，总要有人问我："这是什么？”——“慈姑。”——“慈姑是什么？”这可不好回答。

北京的慈姑卖得很贵，价钱和“洞子货”（温室所产）的西红柿、野鸡脖韭菜差不多。

我很想喝一碗咸菜慈姑汤。

我想念家乡的雪。

“我”对咸菜慈姑汤情有独钟，这是由乡情所生发的偏爱。

阅读链接

慈姑，多年生草本植物，原产中国，华中和华南栽培较多，性喜温暖湿润及充足阳光，适于黏壤土生长。慈姑叶子像箭头，开白花，地下有球茎，黄白色或青白色，球茎可食用且营养丰富，是一种天然蔬菜，也可以人工种植。

9 八月的故乡——你好

郭保林

怎能不怀念呢？那里有我的亲朋，有我祖先的遗骸(hái)，有我童年海浪般的憧憬和云般的梦……还有我记忆中多彩的八月。一搭上西去的汽车，我的心就像出笼的鸟，扑扑棱棱飞去了，飞到黄河故道的臂弯里，飞到杨柳矗翠的小河畔，飞到小小四合院，衔去一束缱绻(qiǎn quǎn)的情愫，早早地给母亲了。

汽车奔驰着，我伏在窗口，贪婪地、忘情地阅读着平原的八月——望不尽的莽莽苍苍，涌涌荡荡；望不尽的千顷秋色，万斛(hú)秋光——水稻黄了，微风里，金浪叠涌；棉花炸嘴，雪白银亮，宛如银河的繁星；花生秧儿，红薯蔓儿把地皮都盖严了，碧绿碧绿，如潮似海，如果不是车儿跑得快，说不定还会看到它们根部被饱满的果实顶开的裂隙呢！八月的苍穹，秋高气爽，是那样深邃、空阔、高朗，几只大雁横过蓝空，而圆圆的麦秸垛下，三五只母鸡却悠闲地刨着生活的安逸……

素素淡淡的鲁西大平原啊，浓浓艳艳的鲁西大平原啊，你把秋的甘甜、秋的色彩、秋的芬芳，像亮亮的雨丝，洒在我干涸的心上。故乡的八月，你那烫金的封面、彩色的插图，你那多彩斑斓、丰厚而充实的文字，曾给我童年带来多少欢欣、多少稚趣，吸附了我多少时光！

故乡啊，你还记得吗？还记得那个光着脚丫在沙路上奔跑的小毛猴吗？还记得从八月的枝头偷摘酸枣而划破衣服、扎破手指的小调皮吗？

故乡啊，你还记得吗？孩提时，我趁大人不注意，钻进密密实实的庄稼地里，躺在垄沟里，透过层层叠叠的叶子，望着那瓦蓝瓦蓝的天空。大人们急了，四处寻找，满村响起母亲悠长悠长的喊声。可是，我就是不答应，不出来，用小鼻子使劲地吸着，吸着庄稼成熟的芬芳，吸着大地的乳香，吸着母亲慈爱的、带着焦急的呼唤……

一件件趣事、一个个场景，都融入作者不尽的思念和美好的回忆中。作者都写了哪些趣事？

故乡啊，你还记得吗？我和小伙伴爱坐在拉庄稼的大车上，那铁轮大车，拉着一车金黄，一车喜悦，悠悠荡荡，摇摇晃晃，吱吱嗡嗡，唱着欢乐的歌。赶车的大叔鞭花甩得真响，像过年的爆竹，更好玩的是那长长的牛鞭，鞭梢上系着漂亮的红缨，鞭杆晃来晃去，那红缨像火焰般的鸟儿……

车儿摇荡着，我微微困倦了。我昏昏沌沌地睡去了。我愿梦见母亲暖暖的朗笑；我愿梦见侄儿甜甜的叫喊；我愿梦见挂在老枣树枝上的蝈蝈笼儿；我愿梦见在玉米田咀嚼“甜秆”的童年……车过黄河大桥，一阵钢铁的轰鸣，把我的疲倦和困意惊飞了。我睁开眼，淡淡的暮霭已罩上了原野。

哦，此时此刻，母亲是站在村头大杨树下张望呢，还是坐在灶前为她的儿子准备晚餐？是晚风吹乱了她满头苍发，还是火光映红了她多皱的脸颊？啊，再过一个时辰，我就可以乖乖娇娇地做儿子了，尽管我已是两个儿子的爸爸了……

我的心切切的。我仿佛听到故乡的呼唤——小河用它欢唱的浪花；白杨用它朗朗的秋韵；藏在枝叶里的红枣用它甜甜的羞涩；挂在枝头上的石榴用它迷人的微笑；连场院里那座小草屋也在呼唤，用谷禾的馨香，用慈母的情怀……

⑩ 乡梦不曾休

黄永玉

我为曾在那里念过书的凤凰县文昌阁小学写过一首歌词，用外国古老的名歌曲子配在一起，于是孩子们就唱起来了。昨天听侄儿说，我家坡下的一个八九岁的女孩抱着弟弟唱催眠曲的时候，也哼着这支歌呢！

歌词有两句是：

无论走到哪里，都把你想望。

这当然是我几十年来在外面生活对于故乡的心情。也希望孩子们长大到外头工作的时候，不要忘记养育过我们的深情的土地。

我有时不免奇怪，一个人怎么会把故乡忘记呢？凭什么把她忘了呢？不怀念那些河流？那些山冈上的森林？那些长满羊齿植物遮盖着的井水？那些透过嫩绿树叶的雾中的阳光？你小时的游伴？唱过的歌？嫁在乡下的妹妹？……未免太狠心了。

故乡是祖国在观念和情感上最具体的表现。你是放在天上的风筝，线的另一端就是牵系着心灵的故乡的一切影子。唯愿是因为风而不是你自己把这根线割断了啊！……

家乡的长辈和老师们大多不在了，小学的同学也已剩下没几个，我生活在陌生的河流里，河流的语言和温度却都是熟悉的。

我走在五十年前（半个世纪，天哪！）上学的路上，石板铺就的路。我沿途嗅闻着曾经怀念过的气息，听一些温暖的声音。我来到文昌阁小学，我走进二年级的课堂，坐在自己的座位上：

“黄永玉，六乘六等于几？”

我慢慢站了起来。

课堂里空无一人。

自由阅读二

祖国，照亮我们前进的道路；祖国，赋予我们无穷的力量；祖国，是游子心头永远的惦念。无论多大年岁，爱国思乡永远是我们每个人的心中所感、心中所念……

认真阅读本组文章，看看作者是借助什么事物表达情感的。

① 我的思念是圆的

艾　青

我的思念是圆的
八月中秋的月亮
也是最亮最圆的
无论山多高、海多宽
天涯海角都能看见它
在这样的夜晚
会想起什么？

我的思念是圆的

西瓜、苹果都是圆的

团聚的人家是欢乐的

骨肉被分割是痛苦的

思念亲人的人

望着空中的明月

谁能把月饼咽下？

一句反问，融入了多少对远方亲人的思念之情！请带着感情把这首诗多读几遍吧。

阅读链接

艾青（1910—1996），原名蒋海澄，中国现当代著名诗人。艾青的作品大多描写太阳、火把、黎明等具有象征性的事物，表现对光明的热烈向往和讴歌，反映民族和人民的苦难和命运。著有诗集《大堰河》《北方》《向太阳》《归来的歌》等。

② 想北平

老舍

设若让我写一本小说，以北平作背景，我不至于害怕，因为我可以拣着我知道的写，而躲开我所不知道的。让我单摆浮搁地讲一套北平，我没办法。北平的地方那么大，事情那么多，我知道的真觉太少了，虽然我生在那里，一直到廿七岁才离开。以名胜说，我没到过陶然亭，这多可笑！以此类推，我所知道的那点只是“我的北平”，而我的北平大概等于牛的一毛。

可是，我真爱北平。这个爱几乎是要说而说不出的。我爱我的母亲。怎样爱？我说不出。在我想做一件事讨她老人家喜欢的时候，我独自微微地笑着；在我想到她的健康而不放心的时候，我欲落泪。言语是不够表现我的心情的，只有独自微笑或落泪才足以把内心揭露在外面一些来。我之爱北平也近乎这个。夸奖这个古城的某一点是容易的，可是那就把北平看得太小了。我所爱的北平不是枝枝节节的一些什么，而是整个儿与我的心灵相黏合的一段历史，一大块地方，多少风景名胜，从雨后什刹海的蜻蜓一直到我梦里的玉泉山的塔影，都积凑到一块，每一小的事件中有个我，我的每一思念中有个北平，这只有说不出而已。

真愿成为诗人，把一切好听好看的字都浸在自己的心血里，像杜鹃似的啼出北平的俊伟。啊！我不是诗人！我将永远道不出我的爱，一种像由音乐与图画所引起的爱。这不但是辜负了北平，也对不住我自己，因为我的最初的知识与印象都得自北平，它是在我的血里，我的性格与脾气里有许多地方是这古城所赐给的。我不能爱上海与天津，因为我心中有个北平。可是我说不出来！

伦敦、巴黎、罗马与堪司坦丁堡①，曾被称为欧洲的四大“历史的都城”。我知道一些伦敦的情形；巴黎与罗马只是到过而已；堪司坦丁堡根本没有去过。就伦敦、巴黎、罗马来说，巴黎更近似北平——虽然“近似”两字要拉扯得很远——不过，假使让我“家住巴黎”，我一定会和没有家一样地感到寂苦。巴黎，据我看，还太热闹。自然，那里也有空旷静寂的地方，可是又未免太旷；不像北平那样既复杂而又有个边际，使我能摸着——那长着红酸枣的

---

① 堪司坦丁堡：今译“君士坦丁堡”，土耳其城市伊斯坦布尔的旧称。

老城墙！面向着积水潭，背后是城墙，坐在石上看水中的小蝌蚪或苇叶上的嫩蜻蜓，我可以快乐地坐一天，心中完全安适，无所求也无可怕，像小儿安睡在摇篮里。是的，北平也有热闹的地方，但是它和太极拳相似，动中有静。巴黎有许多地方使人疲乏，所以咖啡与酒是必要的，以便刺激；在北平，有温和的香片茶就够了。

作者运用对比手法，通过与巴黎等城市的比较，突出北平的特点，表现了自己与北平融为一体的情感。

论说巴黎的布置已比伦敦罗马匀调得多了，可是比上北平还差点事儿。北平在人为之中显出自然，几乎是什么地方既不挤得慌，又不太僻静：最小的胡同里的房子也有院子与树；最空旷的地方也离买卖街与住宅区不远。这种分配法可以算——在我的经验中——天下第一了。北平的好处不在处处设备得完全，而在它处处有空儿，可以使人自由地喘气；不在有好些美丽的建筑，而在建筑的四围都有空闲的地方，使它们成为美景。每一个城楼，每一个牌楼，都可以从老远就看见。况且在街上还可以看见北山与西山呢！

好学的，爱古物的，人们自然喜欢北平，因为这里书多古物多。我不好学，也没钱买古物。对于物质上，我却喜爱北平的花多菜多果子多。花草是种费钱的玩意儿，可是此地的“草花儿”很便宜，而且家家有院子，可以花不多的钱而种一院子花，即使算不了什么，可是到底可爱呀。墙上的牵牛，墙根的靠山竹与草茉莉，是多么省钱省事而也足以招来蝴蝶呀！至于青菜、白菜、扁豆、毛豆角、黄瓜、菠菜等，大多数是直接由城外担来而送到家门口的。雨后，韭菜叶上还往往带着雨时溅起的泥点。青菜摊子上的红红绿绿几乎有诗似的美丽。果子有不少是由西山与北山来的，西山的沙果、海棠，北山的黑枣、柿子，进了城还带着一层白霜儿呀！哼，美国的橘子包着纸，遇到北平的带霜儿的玉李，还不愧杀！

是的，北平是个都城，而能有好多自己产生的花、菜、水果，这就使人更接近了自然。从它里面说，它没有像伦敦的那些成天冒烟的工厂；从外面说，它紧连着园林、菜圃与农村。采菊东篱下，在这里，确是可以悠然见南山的；大概把“南”字变个“西”或“北”，也没有多少了不得的吧。像我这样的一个贫寒的人，或者只有在北平能享受一点清福了。

好，不再说了吧；要落泪了，真想念北平呀！

③ 乡　愁

余光中

小时候
乡愁是一枚小小的邮票
我在这头
母亲在那头

长大后
乡愁是一张窄窄的船票
我在这头
新娘在那头

后来啊
乡愁是一方矮矮的坟墓
我在外头
母亲在里头

诗人借用生活中的“邮票”作比，表达了思亲之情。读一读，找一找，诗人还用了哪些事物作比，来表达自己的乡愁情怀？

而现在

乡愁是一湾浅浅的海峡

我在这头

大陆在那头

1972 年 1 月 21 日

阅读链接

余光中（1928—2017），中国当代著名诗人、散文家、评论家。余光中写作的时间跨度长，作品数量丰富、风格多变。代表作有诗集《白玉苦瓜》《天狼星》，散文集《记忆像铁轨一样长》《听听那冷雨》等。

④ 黄河颂

光未然

（朗诵词）

啊，朋友！
黄河以它英雄的气魄，
出现在亚洲的原野；
它表现出我们民族的精神：
伟大而又坚强！
这里，
我们向着黄河，
唱出我们的赞歌。

作者以饱满的爱国情感，热情讴歌了母亲河及其所象征的民族精神。

（歌词）

我站在高山之巅，
望黄河滚滚，
奔向东南。
惊涛澎湃，

掀起万丈狂澜；

浊流宛转，

结成九曲连环；

从昆仑山下

奔向黄海之边；

把中原大地

劈成南北两面。

啊！黄河！

你是中华民族的摇篮！

五千年的古国文化，

从你这儿发源；

多少英雄的故事，

在你的身边扮演！

啊！黄河！

你是伟大坚强，

像一个巨人

出现在亚洲平原之上，

用你那英雄的体魄

筑成我们民族的屏障。

啊！黄河！

“啊！黄河！”反复出现，营造出诗歌的韵律美。请你有感情地朗诵，感受作者的自豪之情。

你一泻万丈，
浩浩荡荡，
向南北两岸
伸出千万条铁的臂膀。
我们民族的伟大精神，
将要在你的哺育下
发扬滋长！
我们祖国的英雄儿女，
将要学习你的榜样，
像你一样的伟大坚强！
像你一样的伟大坚强！

1939 年

⑤ 松花江上

张寒晖

我的家在东北松花江上，
那里有森林煤矿，
还有那满山遍野的大豆高粱。
我的家在东北松花江上，
那里有我的同胞，
还有那衰老的爹娘。
九一八，九一八，
从那个悲惨的时候，
九一八，九一八，
从那个悲惨的时候，
脱离了我的家乡，
抛弃那无尽的宝藏，
流浪！流浪！
整日价在关内，流浪！
哪年，哪月，

“九一八，九一八”，以抒情的方式反复呈现，感情越来越强烈，控诉了日本帝国主义的滔天罪行，也表达了东北人民要求收复失地的强烈愿望。

才能够回到我那可爱的故乡？
哪年，哪月，
才能够收回那无尽的宝藏？
爹娘啊，爹娘啊，
什么时候，
才能欢聚一堂？！

1936 年

阅读链接

九一八事变，又称奉天事变、柳条湖事件，是日本帝国主义为武装侵略中国东北而制造的事件。1931年9月18日夜，盘踞在中国东北的日本关东军有预谋地炸毁了沈阳柳条湖附近的一段铁轨，并嫁祸于中国军队，以此为借口，进攻中国东北军驻地北大营，炮轰沈阳城，制造了震惊中外的“九一八事变”。

6 当我死时

余光中

当我死时，葬我，在长江与黄河
之间，枕我的头颅，白发盖着黑土
在中国，最美最母亲的国度
我便坦然睡去，睡整张大陆
听两侧，安魂曲起自长江，黄河
两管永生的音乐，滔滔，朝东
这是最纵容最宽阔的床
让一颗心满足地睡去，满足地想
从前，一个中国的青年曾经
在冰冻的密西根向西瞭望
想望透黑夜看中国的黎明
用十七年未餍(yàn)中国的眼睛
饕餮(tāo tiè)地图，从西湖到太湖
到多鹧鸪的重庆，代替回乡

一九六六年二月二十四日于卡拉马如

朗诵全诗，体会诗人热爱祖国山河、渴望落叶归根的思想感情。

7 开学的日子[1]

老 舍

无论刮多大的风，下多大的雨，无论天气怎样的寒，还是怎样的热，无论家中有什么急事，还是身体不大舒服，瑞宣总不肯告假。假若不得已地请一两点钟假，他也必定补课，他不肯教学生在功课上吃一点亏。一个真认识自己的人，就没法不谦虚。谦虚使人的心缩小，像一个小石卵，虽然小，而极结实。结实才能诚实。瑞宣认识他自己。他觉得他的才力，智慧，气魄，全没有什么足以傲人的地方；他只能尽可能地对事对人尽到他的心，他的力。他知道在人世间，他的尽心尽力的结果与影响差不多等于把一个石子投在大海里，但是他并不肯因此而把石子可惜地藏在怀中，或随便地掷在一汪儿臭水里。他不肯用坏习气减少他的石子的坚硬与力量。打铃，他马上拿起书上讲堂；打铃，他才肯离开教室。他没有迟到早退的，装腔作势的恶习。不到万不得已，他也永远不旷课。上堂教课并不给他什么

---

① 本文选自老舍的《四世同堂》，题目为编者所加。

欣悦，他只是要对得住学生，使自己心中好受。

学校开了课。可是他并不高兴去。他怕见到第二代的亡国奴。他有许多理由与事实，去原谅自己在北平低着头受辱。他可是不能原谅自己，假若他觍(tiǎn)着脸到讲台上立定，仿佛是明告诉学生们他已承认了自己无耻，也教青年们以他为榜样！

但是，他不能不去。为了收入，为了使老人们心安，为了对学校的责任，他不能藏在家里。他必须硬着头皮去受刑——教那些可爱的青年们的眼，像铁钉似的，钉在他的脸上与心中。

校门，虽然是开学的日子，却没有国旗。在路上，他已经遇到三三两两的学生；他不敢和他们打招呼。靠着墙根，他低着头疾走，到了校门外，学生更多了。他不知道怎样地走进了那个没有国旗的校门。

教员休息室是三间南房，一向潮湿；经过一夏天未曾打开门窗，潮气像雾似的凝结在空中，使人不敢呼吸。屋里只坐着三位教师。见瑞宣进来，他们全没立起来。在往常，开学的日子正像家庭中的节日，大家可以会见一个夏天未见面的故人，和新聘来的生朋友，而后不是去聚餐，便是由校长请客，快活地过这一天。这一天，是大家以笑脸相迎，本文以瑞宣的行踪为线索叙述故事，主要描写了到校路上、休息室、课堂三个场景。读一读，找一找瑞宣在这些场景中的感受，体会其内心浓烈的爱国情怀。

而后脸上带着酒意，热烈地握手，说“明天见”的日子。今天，屋里像坟墓那样潮湿，静寂。三位都是瑞宣的老友。有两位是愣磕磕地吸着烟，一位是注视着桌子上纵起的一片漆皮。他们都没向瑞宣打招呼，而只微微地一点头，像大家都犯了同样的罪，在监狱中不期而遇的那样。瑞宣向来是得拘谨就拘谨的人，现在就更不便破坏了屋中沉寂的空气。他觉得只有冷静，在今天，才似乎得体。在今天，只有冷静沉寂才能表示出大家心中的苦闷。在静寂中，大家可以渐渐地听到彼此心中的泪在往外涌。

坐下，他翻弄翻弄一本上学期用过的点名簿。簿子的纸非常的潮湿，好几页粘到一处，很不易揭开。揭开，纸上出了一点点声音。这一点声音，在屋中凝结住的潮气中发出，使他的身上忽然微痒，像要出汗的样子。他赶紧把簿子合上。虽然这么快地把簿子合上，他可是已经看到一列学生的名字——上学期还是个别的有名有姓的青年，现在已一律地，没有例外地，变成了亡国奴。他几乎坐不住了。

听一听院里，他希望听到学生们的欢笑与喊叫。在往日，学生们在上课前后的乱闹乱吵老给他一种刺激，使他觉到：青春的生命力量虽然已从他自己身上渐渐消逝，可是还在他的周围；使他也想去和他们一块儿蹦蹦跳跳，吵吵闹闹。现在，院里没有任何声音！学生们——不，不是学生们，而是亡国奴们——也和他一样因羞愧而静寂！这比成群的飞机来轰炸还更残酷！

他喜欢听学生的欢笑，因为没有欢笑的青春便是夭折。今天，他可是不能希望他们和往日一样的活泼；他们都是十四五岁左右的人，不能没心没肺！同时，他们确是不喊不叫了，难道他们从此永远如此吗？假若他们明天就又喊又闹了，难道他们就该为亡国而只沉默一天吗？他想不清楚，而只觉得房里的潮气像麻醉药似的糊在他的鼻子上，使他堵得慌！

咽了几口气，他渴盼校长会忽然地进来，像一股阳光似的进来，把屋中的潮气与大家心中的闷气都赶了走。

校长没有来。教务主任轻轻地把门拉开。他是学校中的老人，已经做了十年的教务主任。扁脸，矮身量，爱说话而说不上什么来，看着就是个没有才干，而颇勤恳负责的人。进了屋门，他的扁脸转了一圈；他的看人的方法是脸随着眼睛转动，倒好像是用一面镜子照大家呢。看清了屋中的四位同事，他紧赶几步，扑过瑞宣来，很亲热地握手；而后，他又赶过那三位去，也一一地握手。在往常，他的话必定在握手以前已经说出来好几句。今天，他的手握得时间比较的长，而没有话可说。都握完手，大家站了一圈儿，心中都感到应当出点声音，打破屋中的被潮湿浸透了的沉寂。

“校长呢？”瑞宣问。

“嗯——”教务主任的话来得很不顺畅，“校长不大舒服，不大舒服。今天，他不来了；嘱咐我告诉诸位，今天不举行开学式；一打铃，诸位老师上班就是了；和学生们谈一谈就行了，明天再上课——啊，再上课。”

大家又愣住了。他们都在猜想：校长也许是真病了，也许不是。和学生们谈一谈？谈什么呢？

教务主任很愿再说些什么，使大家心中痛快一些，可是他想不起说什么才好。摸了摸扁脸，他口中出着点没有字的声音，搭讪着走出去。

四位先生又僵在了那里。

铃声，对于一个作惯了教员的，有时候很好听，有时候很不悦耳。瑞宣向来不讨厌铃声，因为他只要决定上课，他必定已经把应教的功课或该发还的卷子准备得好好的。他不怕学生质问，所以也不怕铃声。今天，他可是怕听那个管辖着全校的人的行动的铃声，像一个受死刑的囚犯怕那绑赴刑场的号声或鼓声似的。他一向镇定，就是十年前他首次上课堂讲书的时节，他的手也没有发颤。现在，他的手在袖口里颤起来。

铃声响了。他迷迷糊糊地往外走，脚好像踩在棉花上。他似乎不晓得往哪里走呢。凭着几年的习惯，他的脚把他领到讲堂上去。低着头，他进了课堂。屋里极静，他只能听到自己的心跳。上了讲台，把颤动着的右手放在讲桌上，他慢慢地抬起头来。学生们坐得很齐，一致地竖直了背，扬着脸，在看他。他们的脸都是白的，没有任何表情，像是石头刻的。一点辣味儿堵塞住他的嗓子，他咳了两声。泪开始在他的眼眶里转。

他应当安慰他们，但是怎样安慰呢？他应当鼓舞起他们的爱国心，告诉他们抵抗敌人，但是他自己怎么还在这里装聋卖傻地教书，而不到战场上去呢？他应当劝告他们忍耐，但是怎么忍耐呢？他可以教他们忍受亡国的耻辱吗？

把左手也放在桌上，支持着他的身体，他用极大的力量张开了口。他的声音，好像一根细鱼刺似的横在了喉中。

张了几次嘴，他并没说出话来。他希望学生们问他点什么。可是，学生们没有任何动作；除了有几个年纪较大的把泪在脸上流成很长很亮的道子，没有人出声。城亡了，民族的春花也都变成了木头。

糊里糊涂地，他从嗓子里挤出两句话来：“明天上课。今天，今天，不上了！”

学生们的眼睛开始活动，似乎都希望他说点与国事有关的消息或意见。他也很想说，好使他们或者能够得着一点点安慰。可是，他说不出来。真正的苦痛是说不出来的！狠了狠心，他走下了讲台。大家的眼失望地追着他。极快地，他走到了屋门；他听到屋中有人叹气。他迈门槛，没迈利落，几乎绊了一跤。屋里开始有人活动，声音很微，像是偷手摸脚的那样往起立和往外走呢。他长吸了一口气，没再到休息室去，没等和别的班的学生会面，他一气跑回家中，像有个什么鬼追着似的。

⑧ 最后一课

——一个阿尔萨斯儿童的故事

［法国］都德

这天早晨，我太晚了，来不及赶到学校，我非常害怕挨骂，特别是因为阿迈尔先生曾经关照我们，他要就分词①考问我们，可我连一个字也不知道。有一瞬间我想到了逃学，逃到田野里去玩玩。

天气是那么暖和，那么晴朗。

可以听见乌鸫（dōng）在林子边上鸣叫；还有锯木场后面，里佩尔草地上，普鲁士兵正在进行操练，这一切都比分词规则更吸引我，但是我有力量控制住自己，迅速朝学校跑去。

在村政府门口经过时，我看见不少人聚集在张贴布告的小栅栏前面。两年来所有的坏消息，打败仗啦，军事征用啦，司令部的命令啦，我们全都是从这里知道的。我没有停下来，心里却在想：

“又有什么情况啦？”

当我跑着经过广场时，正在跟学徒一起看布告的铁匠

---

① 分词：法文里动词的一种变化形式。

瓦赫特尔向我大声嚷着说：

“用不着这么急，小家伙；你去你的学校去得再晚，也不会迟到了！”

我以为他是在嘲笑我。我上气不接下气地跑进阿迈尔先生的小院子。

平日，在开始上课时，甚至连街上都能听见一片喧闹声，课桌打开的打开，关上的关上；为了能学得更好，大家捂住耳朵一起高声背诵课文，还有老师的戒尺拍打着一张张桌子：

“静一点！”

我本来打算趁着这股闹哄哄的乱劲，溜到自己的座位上去；但是偏偏这一天一切都是那么安安静静，像是星期日的早上。从开着的窗子望进去，我看见我的同学们已经整整齐齐坐在各自的座位上，阿迈尔先生腋下夹着那把可怕的铁戒尺，来来回回地走着。我只好推开门，在这片寂静中走进去。您想想看，我当时有多么脸红，有多么害怕。

可是，不，阿迈尔先生望着我，并没有生气，而且口气还挺温和地对我说：

“快坐到你的位子上去，小弗朗兹；你再不来，我们就要开始上课了。”

我跨过凳子，立刻在我的课桌前坐下。仅仅到这时候，稍微从惊慌中平静下来以后，我才注意到我们的老师换上了他那件漂亮的绿色常礼服，套上精美的打裥(jiǎn)颈饰，戴上绣花的黑绸子无边圆帽，这些只有在督学来视察和学校发奖的日子他才会穿戴。此外，整个教室有着一种不平常的庄严气氛。但是最让我感到惊讶的是，我看见教室后面，平日一直空着的长凳上坐着一些村里的人，他们也像我们一样静悄悄的，其中有戴着三角帽的老奥塞，有从前的村长，有从前的邮差，另外还有其他一些人。他们一个个全都面带愁容；奥塞还带来了一本页边破损的旧识字课本，摊开，放在膝头上，他的那副大眼镜横搁在书页上。

在我对这一切感到惊奇时，阿迈尔先生登上了讲台，用和他刚才接待我时同样温和而又严肃的嗓音对我们说：

“我的孩子们，这是我最后一次给你们上课。来自柏林的命令说，在阿尔萨斯和洛林的学校里只教德语……新的老师明天就到。今天是你们的最后一堂法语课。我要求你们专心听讲。”

这几句话使我大为震惊。啊！这些坏东西，他们在村政府贴出布告宣布的就是这件事。

我的最后一堂法语课！……

可我还刚刚勉强会写！这么说，我再也不能学了！这么说，只能到此为止了！……我现在对浪费时间，对逃学去掏鸟窝或者到萨尔河上去溜冰，感到多么后悔啊！我的那些课本，语法书啦，历史书啦，刚才还觉得如此讨厌，背在书包里如此沉重，现在都好像成了离开以后我会非常伤心的老朋友。阿迈尔先生也是一样。想到他要离开，想到再也见不到他，我把受到的惩罚、挨到的戒尺全都忘掉了。

可怜的人啊！

正是为了对这最后一堂课表示敬意，他才穿上漂亮的节日服装。现在我也明白了村里的这些老人为什么来到教室后面坐下，这仿佛是在表示他们对以前没有经常到这所学校里来感到懊悔。这也好像是对我们的卓越服务四十年的老师表示感谢的一种方式，对离去的祖国表示敬意的一种方式……

我正在这样想着的时候，听见叫我的名字。轮到我背书了。只要能够非常响亮，非常清楚，不出一点差错地从头到尾背出这条出了名的分词规则，有什么代价我不肯出呢！但是我头几句就搞乱了，我一直站在凳子前左右摇晃，心里难受极了，头也不敢抬起来。我听见阿迈尔先生对我说：

“我不责备你，我的小弗朗兹，应该说你已经受到足够的惩罚了……事情就是这样。我们天天都在对自己说：‘算了吧！我有的是时间。明天再学吧。’现在你看见发生的事……啊！总是把教育推延到明天，这是我们阿尔萨斯最大的不幸。现在这些人有权利对我们说：怎么！你们声称自己是法国人，可你们既不会说，也不会写自己的语言！……在这一切中，我可怜的弗朗兹，过失最大的还不是你。我们大家都有许多可以责备自己的地方。

读读文中描写阿迈尔先生语言的句子，体会他对祖国的深沉热爱和对侵略者的无比痛恨。

“你们的父母并不太关心你们的教育。他们更喜欢把你们送到地里或者纱厂去干活儿，可以挣几个钱。我自己呢，我没有什么可以责备自己的吗？难道我没有常常让你们给我的花园浇水来代替做功课吗？当我想去钓鳟(zūn)鱼时，难道我不是毫不犹豫地放你们假吗？……”

阿迈尔先生谈了一件事又一件事，接着开始向我们谈到法语，他说这是世界上最美的语言，最明晰，最严谨，应该在我们中间保留它，永远不要忘掉它，因为一个民族沦为奴隶，只要牢牢掌握自己的语言，就等于掌握了自己的牢房的钥匙……接着他拿起一本语法书，把课文念给我们听。使我感到惊奇的是我理解得多么透彻，他讲的那一切我觉得很容易，很容易。我也相信我从来没有这么用心地听过，他也从来没有这么耐心地讲解过。简直可以说，这个可怜的人想把他的全部学问在他离开以前都教给我们，一下子灌进我们的脑子里去。

语法课结束后上习字课。为了这一天，阿迈尔先生为我们准备了好些张崭新的范本，上面用漂亮的圆体字写着：“法兰西，阿尔萨斯，法兰西，阿尔萨斯”，挂在书桌的横杆上，就好像教室里到处飘扬着一面面小国旗。每个人有多么专心，真是值得一看，而且多么安静啊！除了钢笔尖在纸上发出的沙沙声以外，什么声音也听不见。偶尔有几只鳃角金龟子飞了进来；但是没有人注意，甚至连那些年纪很小很小的孩子也不例外，他们专心地画他们的“直杠”，那么认真，那么自觉，就像这也是法国字似的……学校的屋顶上，几只鸽子低声咕咕叫着，我一边听一边心里想：

“该不会强迫它们也用德语歌唱吧？”

我不时从我的簿页上抬起眼睛，看见阿迈尔先生坐在讲台上，一动不动，盯着周围的东西看，好像他要把他的整个小小的校舍用目光带走似的……请您想想看！四十年来他一直坐在这个位子上，面前是他的院子，还有一直是老样子的教室。只是那些凳子和课桌在长期使用中被磨得光滑了；院子里的胡桃树已经长高，他亲手栽种的啤酒花现在也围绕着一扇扇窗子，一直爬到房顶上。想到离开所有这些东西，听见他的妹妹在楼上的房间里走来走去，忙着收拾箱子，这个可怜的人有多么伤心啊！因为他们明天就得动身，将永远离开当地！

然而，他还是有勇气给我们把课一直上完。在习字课后，我们又上历史课；接着初级班的小学生齐声唱着念 ba，be，bi，Bo，Bu。那边，在教室的尽后面，老奥塞戴上眼镜，双手捧着识字课本，跟他们一起拼读字母。可以看出他也很用心；他的嗓音激动得发抖，让人听了感到那么古怪，我们全都想笑又想哭。啊！我将永远记住这最后一课……

突然间教堂大时钟敲中午十二点，接着祈祷的钟声也响了。在这同时普鲁士兵操练归来，军号在我们的窗外猛地吹响……阿迈尔先生在讲台上立起来，脸色惨白。他在我眼里从来没有显得这么高大过。

“我的朋友们，”他说，“我的朋友们，我……我……”

但是有什么东西堵得他透不过气来。他没法说完他的话。

于是他转身朝向黑板，拿起一支粉笔，使出全身的力气，尽可能大地写出了：

“法兰西万岁！”

接着他头靠着墙，待在那儿，没有说话，只向我们做了一个手势：

“下课了……你们走吧。”

（郝运　译）

阅读链接

都德（1840—1897），法国小说家。他从1857年开始文学创作，主要作品有长篇小说《小东西》《富豪》《雅克》，短篇小说集《星期一故事集》等。其中的《最后一课》和《柏林之围》凭借深刻的爱国内容和精湛的艺术技巧而享有极高的声誉，是世界短篇小说中的杰作。

《呼兰河传》

萧　红

一座偏僻的小城，一群底层的人物，一个自由的园子，一段寂寞的童年。

《呼兰河传》是现代著名女作家萧红的代表作，是她创作的一部自传体小说。她用灵动、自然的笔调，以自身的童年回忆为线索，描述了20世纪20年代东北小城呼兰河的风土人情，再现了当地老百姓平凡、落后的生活状况。书中的“我”在祖父的园子里快乐、自由，可是走出这座园子，看到的却是荒凉、愚昧。作者娓娓讲述那段往事，读者初读会笑，可读着读着便会落泪……

在写作手法上，《呼兰河传》比较独特：写了人物，却没有主角；叙述故事，却没有主轴；七个章节俨然一体，却又可以各自独立。正如茅盾先生所说：《呼兰河传》是一篇叙事诗，是一幅多彩的风土画，是一串凄婉的歌谣。

作者简介

萧红（1911—1942），原名张迺莹，黑龙江人，现代作家。1930年离开家乡，流浪各地。1940年，萧红到了香港，在病中完成了《呼兰河传》的写作。1942年1月，萧红病逝于香港，年仅31岁。萧红的一生多辗转流浪，从一个异乡到另一个异乡，浮浮沉沉。除了《呼兰河传》，她的代表作还有长篇小说《生死场》《马伯乐》，短篇小说《小城三月》，小说、散文集《牛车上》等。

《呼兰河传》写的是20世纪20年代东北小城呼兰河的生活。全书共七章，描写了呼兰河城的风貌、“我”的童年生活以及小城内一些小人物的悲惨故事。《呼兰河传》不是为某一个人作传，而是为作者生于此、长于此的小城作传。

呼兰河城很小，一个大泥坑就能闹出许多让人啼笑皆非的故事。小城的人很普通，他们一成不变地生活着，他们的愚昧麻木也促使了一幕幕悲剧的发生。在书中，小团圆媳妇的悲惨遭遇、有二伯古怪的性情、冯歪嘴子的坚强乐观等，都给人留下了深刻的印象。

在这里，“我”的童年是寂寞的，却因为有了祖父、有了祖父的园子而变得温暖起来，“我”在园子里拔草，祖父教“我”念诗，看园子中的植物自由生长……这些成了那座灰色小城里一抹亮丽的色彩。

跟祖父学诗

一

祖母死了，我就跟祖父学诗。因为祖父的屋子空着，我就闹着一定要睡在祖父那屋。

早晨念诗，晚上念诗，半夜醒了也是念诗。念了一阵，念困了再睡去。

祖父教我的有《千家诗》，并没有课本，全凭口头传诵，祖父念一句，我就念一句。

祖父说：

“少小离家老大回……”

我也说：

“少小离家老大回……”

都是些什么字，什么意思，我不知道，只觉得念起来那声音很好听，所以很高兴地跟着喊。我喊的声音，比祖父的声音更大。

我一念起诗来，我家的五间房都可以听见，祖父怕我喊坏了喉咙，常常警告着我说：

“房盖被你抬走了。”

听了这笑话，我略微笑了一会儿工夫，过不了多久，就又喊起来了。

夜里也是照样地喊，母亲吓唬我，说再喊她要打我。

祖父也说：

“没有你这样念诗的，你这不叫念诗，你这叫乱叫。”

但我觉得这乱叫的习惯不能改，若不让我叫，我念它干什么。每当祖父教我一个新诗，一开头我若听了不好听，我就说：

“不学这个。”

祖父于是就换一个，换一个不好，我还是不要。

“春眠不觉晓,处处闻啼鸟。夜来风雨声,花落知多少。”

这一首诗，我很喜欢，我一念到第二句，“处处闻啼鸟”那“处处”两字，我就高兴起来了，觉得这首诗实在是好，真好听，“处处”该多好听。

还有一首我更喜欢的：

“重重叠叠上楼台,几度呼童扫不开。刚被太阳收拾去，又为明月送将来。”

就这“几度呼童扫不开”，我根本不知道什么意思，就念成“西沥忽通扫不开”。

越念越觉得好听，越念越有趣味。

每当客人来了，祖父总是呼我念诗的，我就总喜念这一首。

那客人不知听懂了与否，只是点头说好。

二

就这样瞎念，到底不是久计。念了几十首之后，祖父开讲了。

“少小离家老大回，乡音无改鬓毛衰。”

祖父说：“这是说小的时候离开了家到外边去，老了回来了。乡音无改鬓毛衰，这是说家乡的口音还没有改变，胡子可白了。”

我问祖父：

“为什么小的时候离家？离家到哪里去？”

祖父说：

“好比爷爷像你那么大离家，现在老了回来了，谁还认识呢？儿童相见不相识，笑问客从何处来。小孩子见了就招呼着说：你这个白胡老头儿，是从哪里来的？”

我一听觉得不大好，赶快就问祖父：

“我也要离家的吗？等我胡子白了回来，爷爷你也不认识我了吗？”

心里很恐惧。

祖父一听就笑了：

“等你老了还有爷爷吗？”

祖父说完了，看我还是不很高兴，他又赶快说：

“你不离家的，你哪里能够离家……快再念一首诗吧！春眠不觉晓……”

我一念起“春眠不觉晓”来，又是满口的大叫，得意极了。

完全高兴，什么都忘了。

但从此再读新诗，一定要先讲的，讲过的也要重讲。似乎那大嚷大叫的习惯稍稍好了一点。

“两个黄鹂鸣翠柳，一行白鹭上青天。”

这首诗本来我也很喜欢的，黄梨是很好吃的。经祖父这一讲，说是两个鸟。于是不喜欢了。

“去年今日此门中，人面桃花相映红。人面不知何处去，桃花依旧笑春风。”

这首诗祖父讲了我也不明白，但是我喜欢这首。因为其中有桃花。桃树一开了花不就结桃吗？桃子不是好吃吗？

所以每念完这首诗，我就接着问祖父：

“今年咱们的樱桃树开不开花？”

阅读小贴士

阅读这本书，我们可以朗读自己喜欢的部分，读出自己的感受，这样能够加深我们对文章情感的体会。

阅读时，我们可以从文字中体会到人物的情感，及时把我们的感受批注在旁边，并和同学交流，会对文章的理解更深入。

活动一　那些年，那座城

——永远的记忆

《呼兰河传》这本书介绍了呼兰河这座小城的样貌、风俗，“我”的童年和“我”的家，小城内的一些人物，以及这座东北小城那个时代的生活。本书共有七章，如果把每个章节各拍成一部独立的小电影，你认为分别取个什么样的电影名合适呢？

活动二　那些人，那些事

——难忘的生活

这本书中，描写了很多令人难以忘却的人物，你还记得哪些？令你印象比较深刻的有谁？请尝试讲述发生在他们身上的故事。

活动三　那园子，那祖父

——美好的瞬间

呼兰河城很小很小，然而祖父的园子在“我”看来却很大很大。回读“我”和祖父在园子中的快乐场景，一定有很多画面深深地印在了你的脑海中，请提笔绘出令你难忘的场景，并写下你独特的阅读感悟。

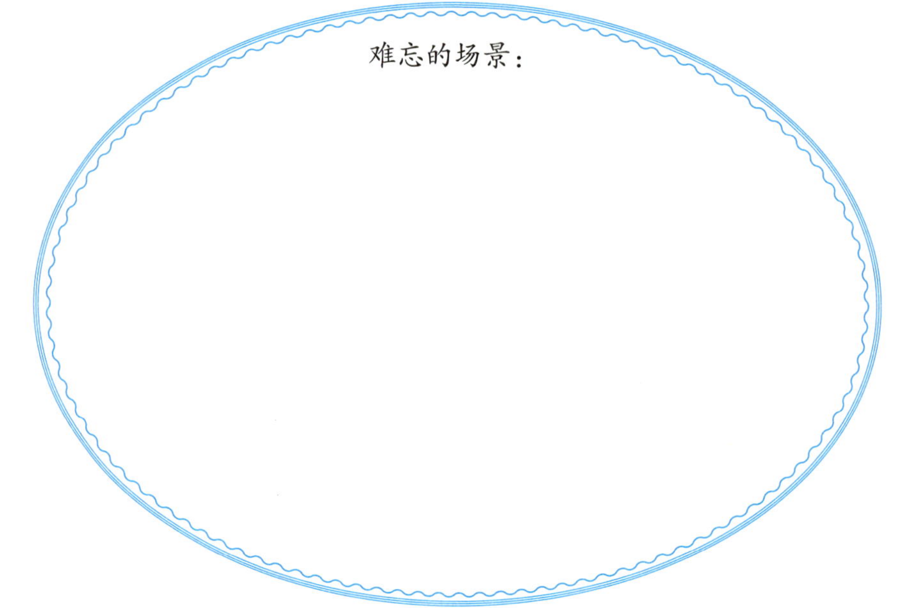

阅读感悟：

敬 启

为编好这本书，我们与收入本书的作品（含图片）作者进行了广泛联系，得到了各位作者的大力支持。在此，我们表示衷心的感谢。但是，由于个别作者地址不详，虽经多方努力，仍无法取得联系。敬请各位有著作权的作者尽快与我们联系，以便我们支付稿酬，并致谢忱！

我们还要感谢使用本书的师生们。希望你们在使用本书的过程中，能够及时把意见和建议反馈给我们，对此，我们深表谢意，并将给予一定奖励。让我们携起手来，共同完成本书的建设工作。

联 系 人：梁老师　刘老师

联系电话：010-58022100-6362

联系邮箱：ztxx2008@sina.com

网　　址：http://www.ywztxx.com

地　　址：北京市海淀区知春路7号致真大厦A座18层

图书在版编目（CIP）数据

思维的火花 / 孟强主编. — 上海 : 上海教育出版社, 2021.12

ISBN 978-7-5720-0812-2

Ⅰ. ①思… Ⅱ. ①孟… Ⅲ. ①阅读课—小学—教学参考资料 Ⅳ. ①G624.233

中国版本图书馆CIP数据核字（2021）第260857号

责任编辑　高立群
封面设计　陈丽娟　王艺霖
著作权人　北京华樾教育科技有限公司

思维的火花

孟强　主编

出版发行　上海教育出版社有限公司
官　　网　www.seph.com.cn
地　　址　上海市闵行区号景路159弄C座
邮　　编　201101
印　　刷　肥城新华印刷有限公司
开　　本　720×1010　1/16　印张 63
字　　数　700千字
版　　次　2021年12月第1版
印　　次　2021年12月第1次印刷
书　　号　ISBN 978-7-5720-0812-2/G・0628
定　　价　268.00元（全七册）

如发现质量问题，请向本社调换　　021-64373213